Ursula Feist, geboren 1942, ist Leiterin der Abteilung Wahlforschung beim Institut für angewandte Sozialwissenschaft (infas). Sie lebt in Hamburg.

Dieses Buch wurde auf chlor- und säurefreiem Papier gedruckt.

Originalausgabe Mai 1994

Umschlaggestaltung Adolf Bachmann, Reischach
Satz DTP br
Druck und Bindung Ebner Ulm
Printed in Germany
ISBN 3-426-80044-6

5 4 3 2 1

URSULA FEIST

Die Macht der Nichtwähler

Wie die Wähler den Volksparteien davonlaufen

Knaur

Inhalt

Einleitung 7

1 Die Partei der Nichtwähler 14

2 Qualität von demokratischen Wahlen und Spektrum der Nichtwähler 32

3 Der Oppositionseffekt – ein systematischer Zusammenhang zwischen Mobilisierung und Enthaltung 62

4 Die gespaltene Nation 71

5 Parteienverdrossenheit und das gespannte Verhältnis zu den politischen Eliten 98

6 Vom Einmischen zum Verweigern 123

7 Zwischen Demokratisierung und Radikalisierung 140

8 Mehr Wahlbeteiligung oder mehr politische Beteiligung? 163

Nachwort: Trendwende Niedersachsen? . . 184

Anmerkungen 187

Einleitung

»Sie halten keine Parteitage, brauchen keinen Vorsitzenden und kommen ohne Plakate oder Wahlwerbung aus. Trotzdem sind sie auf dem Vormarsch wie keine andere Partei: die Nichtwähler.«[1] Nach vielen Jahren mustergültiger Wahlbeteiligung und geringer politischer Experimentierfreude hat sich die Wählermentalität der Deutschen gewandelt. Erstmals geht das Lager der Nichtwähler – vor den beiden Volksparteien CDU/CSU und SPD – als stärkste Formation in ein Rennen. Die Zahl und damit auch die Macht der Nichtwähler war nie größer als im Superwahljahr 1994 mit seiner Serie von 18 Wahlgängen an sieben Terminen; mehr denn je sorgen sich die Volksparteien um Wähler, die ihnen davonlaufen. Der neue Trend ist unstrittig, uneins ist man aber über seine Bedeutung, ob Symptom für politische Krise oder überfällige Normalisierung.

Manche bewerten die Entwicklung als einen Schritt zu mehr demokratischer Reife. Viel zu lange hätten sich die Deutschen von alten Wertmaßstäben und Tugenden leiten lassen. Dazu gehörte die verinnerlichte Wahlpflicht ebenso wie ein autoritäres Politikverständnis – Untertanen eher angemessen als mündigen Bürgern. Allmählich hätten die Deutschen aber gelernt, statt stets »ja« auch einmal »nein« zu sagen. Amerikanische Politikwissenschaftler hatten Anfang der sechziger Jahre im interkulturellen Vergleich den Deutschen ein bloß formales, nur auf die Institutionen gerichtetes Demokratieverständnis bescheinigt, ohne gefühlsmäßige Beziehung zu demokratischen Grundwerten.[2] Wertewandel und Generationswechsel haben diese Mentalität aufgeweicht. Die wachsende Zahl der Nichtwähler, aber auch der Abschied von den Volksparteien, wäre somit Indiz, daß die Deutschen ihre Demokratie langsam mit Sinn und Leben füllen. Wer die Dinge so bewertet, sieht im Trend zur Verweigerung und in der Lust am Auswählen ein Zeichen der Emanzipation von traditionellen Bindungen und Werten wie Milieu, Sitte und Pflicht.

Andere erblicken in diesem Trend eher ein Alarmzeichen für den labilen Zustand der deutschen Gesellschaft. Nach 40 Jahren Demokratie im Westen und drei Jahre nach Vollzug der deutschen Einheit befinden sich die Deutschen in einer Wirtschafts- und Sozialkrise, die an Dauer und Tiefe ohnegleichen ist. Die alten Bundesbürger erlernten das demokratische Prinzip im stetig wachsenden Wohlstand, für die DDR-Bürger war es in ihrer friedlichen Revolution 1989 vor allem mit Hoffnung auf Wohlstand verknüpft. So scheint es, als wäre für die Deutschen in West wie Ost materielles Wohlergehen unerläßliche Voraussetzung für Demokratie. Um die nun anstehenden Verteilungskonflikte zu meistern, käme es in dieser Situation mehr denn je auf politische Orientierung und Zustimmung zu den politischen Akteuren und Maßnahmen an. Das Gegenteil ist aber zu beobachten: Zunehmend stellt die Wahlbevölkerung den Führungsanspruch der politischen Eliten in Frage. Sie gelten als machtbesessen und von Eigeninteressen gesteuert, als inkompetent, Proble-

me in Angriff zu nehmen, geschweige denn zu lösen und die Zukunft zu gestalten – parteiübergreifend, ohne Ansehen, ob in Regierung oder Opposition.
Was die Aufgaben von Politikern und Parteien ihrem Auftrag nach eigentlich sein sollten und wodurch sie sich nur legitimieren, nämlich gesellschaftliche Interessen zur Sprache zu bringen, sie zu vertreten, auf eine gemeinsame Linie zu bringen und danach zu handeln, gerade das erfüllen die Parteien heute nach dem Urteil der Wahlbevölkerung immer weniger. Ob die Parteien überhaupt noch in ausreichendem Maß zum Dialog mit ihrer Wählerbasis fähig sind, ob sie in gewünschtem Umfang Menschen zu politischer Beteiligung bewegen können, wird skeptisch gefragt. Die Zahl derer schwindet, die ein Band gemeinsamer Überzeugungen zusammenhält, die Gemeinschaftserfahrung in bestimmten Milieus oder Subkulturen machen, gemeinsame Interessen entwickeln. Insbesondere die großen Parteien zählten lange Zeit auf diese stillschweigenden Stützen ihrer sozialen Basis, die ihnen im Zuge des sozialen Wandels mehr und mehr abhanden kommen.
Wahlenthaltung ist heute kein Zeichen von tiefer Systemzufriedenheit, wo alles bestens läuft und kein Grund zur Klage besteht. Die elektorale Fahnenflucht ist Ausdruck einer politischen Vertrauenskrise, der gestörten Beziehung zwischen Wählern und Gewählten, zwischen der politischen Klasse und ihrer Verankerung in der Basis. Fehlendes Systemvertrauen fördert gesellschaftliche Desintegration und Regellosigkeit, es läßt nach einfachen Antworten in der Politik suchen und erleichtert damit auch die Annäherung an extreme Parteien.

Keiner kann allerdings sagen, welches Maß an Wahlbeteiligung »normal« ist, in welcher Höhe sie der Demokratie am zuträglichsten ist oder unter welchen Bedingungen sie die Demokratie sogar gefährdet. Der historische Wahlforscher Jürgen Falter analysierte für die Reichstagswahlen in der Endphase der Weimarer Republik einen überproportionalen Wechsel von Stimmen aus dem Nichtwählerlager hin zur NSDAP.[3] Sie halfen Hitler, legal an die Macht zu gelangen. Seither gelten Nichtwähler als stille Reserve für (rechts)extreme Parteien.

In der politischen Theorie wird die Auffassung vertreten, »eine demokratische Gesellschaft könne auf Dauer weder mit einem Zustand totaler Wählermobilisierung noch mit einer extrem niedrigen Wahlbeteiligung ... leben, ohne daß dadurch die Mechanismen der Konsensbildung in Gefahr kämen«.[4] Je nachdem, welchem Demokratiekonzept man zuneigt, ob man glaubt, die Eliten sicherten am besten demokratische Stabilität und Leistungsfähigkeit des Gemeinwesens (Output-Orientierung), oder ob man es mit dem Grundsatz hält, es sollten möglichst viele am politischen Prozeß beteiligt sein, um repräsentiert und integriert zu sein (Input-Orientierung), wird man eine niedrige Wahlbeteiligung tolerabel finden oder für hohes Engagement eintreten.

In dem vorliegenden Buch geht es nicht darum auszuloten, wo zur Stabilisierung der Demokratie und zur Sicherung eines friedlichen Zusammenlebens das Optimum an Wahlbeteiligung liegt. Vielmehr wird der Frage nachgegangen, was die Nichtwähler und insbesondere ihre wachsende Zahl für die deutsche Demokratie und ihre Weiterentwicklung bewirken können, welchen Einfluß,

ja welche Macht sie haben und ausüben, auch ohne organisiert zu sein.
Boykotteure einer Wahl werden von der Wahlstatistik bloß als pures Gegenstück zu den Wählern registriert. Sie werden von den Parteien zwar stets umworben, aber wenig geliebt. Die Wahlforschung hat sie – bislang wenigstens – meist als unergiebig betrachtet. Der Grund: Nichtwähler gelten als Unpersonen, nur statistisch notifiziert; bei der Berechnung von Prozenten für die Parteien bleiben sie außer acht. Für die Vergabe von Macht und die Machtverteilung sind sie daher irrelevant. Fraktionsstärken richten sich in allen deutschen Parlamenten nämlich nach den abgegebenen gültigen Stimmen, die auf Kandidaten, Listen oder Parteien entfallen.
Indirekt bestimmen die Nichtwähler jedoch mit, wie klein oder groß ihre Zahl auch immer ist. Sie haben mit ihrer Entscheidung, der Wahl fernzubleiben, die herbeigewählten Kräfteverhältnisse mit verantwortet, weil ihre Quote rechentechnisch proportional auf alle Parteien umgelegt wird. So erhält jede Partei gemäß der erlangten Stärke einen entsprechenden Anteil aus der Quote, die auf die Nichtwähler entfallen war. Ob beabsichtigt oder nicht, haben die Nichtwähler so die neu entstandenen politischen Muster mit entschieden und bestätigt. Nur als Wähler hätten sie die Möglichkeit gehabt, gegen diese Verhältnisse zu stimmen. Vereinfacht gesagt, gilt folgende Regel: Die Großen werden gestärkt, wenn die Zahl der Nichtwähler gering ist; die Kleinen haben den Nutzen, wenn viele Wahlenthaltung üben.
Handeln Nichtwähler somit irrational, weil sie eigentlich nicht wissen, was sie tun? Weil sie auf ihre demokrati-

schen Mitwirkungsrechte freiwillig verzichten und glauben, damit eine abweichende Meinung zum Ausdruck zu bringen, in Wirklichkeit aber doch bloß das Bestehende stützen? Weil sie etwas anderes erreichen, als sie vielleicht bezwecken wollen? Sind Nichtwähler womöglich schlechte Demokraten, die sich anerkannten Spielregeln verweigern und politisches Interesse oder politische Zustimmung vermissen lassen, wo diese gefordert sind? Ist, wer gegen das System handelt, nicht auch potentiell für extreme, demokratiefeindliche Parteien mobilisierbar?
Alles das könnten Nichtwähler sein, wie übrigens Wähler auch. Aber noch viel mehr.
Fest steht, Nichtwähler haben heute durch ihre große Zahl, vor allem aber auch durch ihr neues Profil erhebliches Gewicht erlangt. Denn sie fordern mit ihrer Verweigerung die Parteien, über die politische Willensbildung und Mitwirkung organisiert sind, in ihrem demokratischen Grundverständnis heraus: Wer Wahlen boykottiert, stellt die Abstimmung über Parteien als Akt der Mehrheitsfindung und Machtdefinition ebenso in Frage wie das traditionelle System der Interessenvermittlung durch Parteien. Obwohl Nichtwähler sich politischer Teilnahme verweigern, erfüllen sie – nicht der einzelne, wohl aber das gesamte Lager – paradoxerweise gerade die gegenteilige Funktion: auf den Mangel an effektiven politischen Mitwirkungsmöglichkeiten in unserer Gesellschaft aufmerksam zu machen.
So wenig es eine »Partei der Nichtwähler« gibt, so falsch wäre es auch, Nichtwähler für einen in sich geschlossenen Block mit weitgehend einheitlichem und typischem Profil zu halten. Trotz ihrer Heterogenität, in der sich alte

Motive mit neuen mischen, altbekannte Muster neben neuen anzutreffen sind, stellen die Nichtwähler aber so etwas wie eine Bewegung dar, eine moderne Antwort auf die Krise des Parteienstaates. In dem vorliegenden Buch geht es darum aufzuzeigen, wer diese Bewegung trägt, was sie bewirkt und vorantreibt.

1 Die Partei der Nichtwähler

Demokratisch oder undemokratisch?

»Die neugegründete Nichtwählerpartei NWP wurde bei den Bundestagswahlen 1994 mit 30 Prozent auf Anhieb stärkste Partei. Entsprechend dem Protestwahlprogramm der Partei werden die Mandate bis zur nächsten Wahl nicht besetzt ...
Herr Walter, Sie sind der Gründer und einzige Funktionär Ihrer Partei. Was werden Sie mit Ihren neuen Mandaten anfangen?
Walter: Sie werden frei bleiben. Die Nichtwählerpartei hat zuerst das Nichtwählerpotential im Land erkannt. Durch das bewußte Abgeben der Nichtwählerstimme kann endlich Einfluß auf die Mandatsverteilung genommen werden. Der Nichtwähler wählt nicht mehr das kleinere Übel; er bestraft alle Parteien. In Zukunft streben wir die Ersetzung des Wahlsystems durch das Nichtwahlsystem an.«[5]
Diese fiktive Szene aus der Wahlberichterstattung über eine neue »Volkspartei«, Karikatur oder Vision eines möglichen Wahlausgangs, bringt auf den Punkt, was eine Partei der Nichtwähler ausrichten könnte und warum sie heute immer mehr Unbehagen und Unsicherheit bei den politischen Parteien auslöst. Es dämmert die Einsicht: Die Marktführer sind nicht mehr unter sich und konkurrieren

allein gegeneinander. Statt dessen haben sie es mit einem neuen, unkalkulierbaren Gegner zu tun, und es fehlt an brauchbaren Strategien, ihn in die Enge zu treiben. Wie reagieren die Herausgeforderten? Die einen setzen auf einen Last-Minute-Swing, der schließlich die Vernünftigen doch noch an die Wahlurne bringt, damit verhindert wird, daß Weimarer Verhältnisse in Deutschland einkehren. Andere reflektieren über Nutzen und Schaden von hoher oder geringer Wahlbeteiligung. Zuviel Einmischung wird als unerwünscht erklärt, sie erzeuge Unsicherheit und bedeute sogar eine Gefahr, wenn Menschen, die von der Sache nichts verstehen, ihre Stimme plötzlich erheben und ohne Sachverstand wählen, statt andere für sich handeln zu lassen. Eine geringe Wahlbeteiligung kann daher nicht schaden.
Umgekehrt hört man auch: Je höher die Wahlbeteiligung, um so besser. Auf diese Weise wäre das störende Unbekannte, das in der Nichtwählerschaft steckt, wenigstens eingebunden.
Wie auch immer, aus all diesen Standpunkten spricht ein zwiespältiges, wenn nicht gar argwöhnisches Verhältnis zu den Nichtwählern, wahrscheinlich aber auch zu den Wählern. Der Zuwendung ist man sich nicht mehr sicher. Man traut dem Wahlvolk nicht über den Weg, hält es für unberechenbar, unvernünftig und daher manipulierbar. Die sonst so allmächtigen Parteien fühlen sich dem Liebesentzug ohnmächtig ausgeliefert. In diesem launischen Hin und Her sehen sie daher ein Risiko für die Demokratie. Rechtfertigen die Parlamentswahlen in Rußland vom Dezember 1993, die dem Rechtsradikalen Schirinowski eine Mehrheit bescherten, im übrigen nicht dieses grund-

sätzliche Mißtrauen? Oder die Erfolge der NSDAP, die Hitler in der Endphase der Weimarer Republik auch den mobilisierten Nichtwählern verdankte?

Mit dem entlastenden Verweis auf die Weimarer Zeit oder auf Länder, die nach Jahren eines totalitären Regimes Demokratie heute erst erwerben, wird indes ein wesentliches Stück Entwicklung in West- und auch Ostdeutschland ausgeblendet. Im Klartext soll dies wohl heißen, die Gefahr für die Demokratie geht von den Wählern oder Nichtwählern aus. So bleibt erspart, sich mit den gegenwärtigen Ursachen für den Vertrauens- und Legitimitätsverlust auseinanderzusetzen, die Nichtwähler in wachsender Zahl dem politischen System zufügen.

In vierzig Jahren hat die alte Bundesrepublik eine stabile demokratische Kultur entwickelt. Indiz dafür ist die Vielzahl von demokratischen Machtwechseln, aber auch politische Erneuerungen wie beispielsweise die Entstehung der Grünen. Ohne das System in eine politische Krise zu stürzen, änderte sich das Wahlverhalten; die sozial beeinflußte Stimmabgabe wurde seltener, die individuelle Entscheidungsfreiheit nahm zu. Heute wählt man weniger nach Milieu, Sitte und Pflicht, sondern entscheidet souveräner und eher sachgerecht, je nach Urteil über die Leistungen des politischen Systems, dazu gehört auch die Protestwahl. Die Ostdeutschen bringen in die Einheit ebenfalls eine originäre demokratische Errungenschaft mit. In sanfter Revolution ohne Blutvergießen haben sie sich von ihrem repressiven Regime befreit: Sie allein haben sich die Demokratie erwählt, niemand hat sie ihnen gebracht. Selbst wenn heute sehr viele enttäuscht über das Ergebnis sind, das sie selbst herbeigeführt haben, so wollen die wenigsten die Verhältnisse je wieder grundsätzlich umkehren.

Die Angst vor den Wählern und Nichtwählern, die gegenwärtig zu verspüren ist, hängt vielleicht mit dieser neu gewonnenen Souveränität und entsprechendem demokratischem Selbstbewußtsein zusammen. Hinzu kommt die Erkenntnis, wer eigentlich das gestörte Verhältnis zwischen Wählern und Gewählten zu verantworten hat, wer die Abkehr von den Parteien, die Verachtung von Politikern, den Rückzug ins Private, aber auch die politische Selbsthilfe durch Eigenorganisation ausgelöst hat: die Wähler oder die Gewählten. Paradox, wenn Parteien heute fürchten, daß die Wahlbürger in die Tat umsetzen, was sie an demokratischen Prinzipien gelernt haben: auswählen, abwählen, nichtwählen.

»Wir sind das Volk« und »Alle Staatsgewalt geht vom Volke aus« verbinden sich in der neuen Wählermentalität für jene, die sich um ein politisches Mandat bemühen, zu einer ungewohnten Macht. Sie stehen vor der irritierenden Erfahrung, daß ihrem Verfassungsrang als Partei heute nicht mehr automatisch größeres Gewicht zugewiesen wird als dem ihnen erteilten Verfassungsauftrag durch die Wähler.

Warum schwinden die politischen Bindungen und Normen?

In der alten Bundesrepublik waren hohe Wahlbeteiligungen die Regel, deutlich abgestuft nach der Ebene, auf der gewählt wurde. Bundestagswahlen motivierten stärker zum Wahlgang als Landtagswahlen, die wiederum mobilisierten mehr als Kommunalwahlen. Die Europawahlen bildeten das Schlußlicht. Im Schnitt der zwölf Bundestagswahlen von 1949 bis 1990 lag die Wahlbeteiligung etwa bei 86 Prozent, bei Landtagswahlen bei 76 Prozent, bei den drei Europawahlen, die seit 1979 stattgefunden haben, bei 61 Prozent.

Inbesondere die Wahlen auf höchster Ebene führten somit zu einer breiten Repräsentanz der Wahlbevölkerung im politischen System. Auch die demokratie-ungeübten Bürger der DDR handelten offenbar intuitiv nach dem gleichen Prinzip. Bei der ersten freien Wahl zur Volkskammer im März 1990 übertraf der Wahleifer alle deutschen Rekorde. 93,6 Prozent wählten ein Parlament, das wenige Monate später die Vereinigung mit der Bundesrepublik beschloß und sich als Institution selbst abschaffte.

Im Durchschnitt der vergangenen Jahrzehnte gingen in Westdeutschland meist deutlich über 85 Prozent zur Wahl, wenn es galt, den Bundestag in Bonn neu zu bestimmen. In den siebziger Jahren überstieg die Quote sogar zweimal die 90-Prozent-Marke. Dieser Höhepunkt der Mobilisierung fiel mit einer anderen Entwicklung zusammen, nämlich der Konzentration der Stimmen auf die beiden großen Parteien CDU/CSU und SPD. Seither nimmt die Zahl der Nichtwähler fast unaufhörlich zu, zugleich werden auch die kleinen Parteien zu Lasten der großen immer stärker. Zustimmung zu den Volksparteien war offenbar gekoppelt an ihre unverbrauchte Fähigkeit, das Wahlvolk zum Urnengang zu motivieren. Daß den Volksparteien die Wähler weglaufen, immer mehr kleine

Parteien auftreten und die Partei der Nichtwähler von sich reden macht, hängt offenbar zusammen.
Heute fragen sich viele, in Ost wie in West: Warum überhaupt wählen? Was macht es für einen Sinn?
Unterscheiden sich Parteien heute noch grundlegend in Programmen und Konzepten, wie sie Konflikte lösen wollen, oder beugen sie sich nicht mehr oder weniger alle den Sachzwängen der Realpolitik, selbst eine Partei wie die Grünen? Wo man Trennschärfe im programmatischen Profil zwischen den Parteien immer mehr vermißt, sieht man immer weniger Alternativen; der Wahlakt bietet keine echte Auswahl. Welche Partei setzt sich heute noch konsequent für eine bestimmte Politik, für eine bestimmte Zielgruppe ein, etwa Landwirte, Arbeitnehmer, Frauen, Jugendliche, ältere Menschen, Randgruppen, möchten andere wissen, und mancher fragt sich, ob denn Wahlen wirklich etwas an ihrer Lage ändern oder verbessern würden. Auf den Gang der Dinge, so die Erfahrung, hat man persönlich doch keinen Einfluß. Ob Regierungswechsel oder nicht, für Leute wie sie sprang nie etwas heraus. Um so argwöhnischer betrachtet man das Fehlverhalten der Parteien, deren Skandale und Affären. Parteien sind doch alle gleich, denken nur an sich selber und bereichern sich auf Kosten der Steuerzahler. Immer mehr Menschen in Ostdeutschland stellen sich diese Frage, was ihnen eigentlich die Demokratie gebracht hat? Ob sie wählen gehen oder nicht, davon bekommen sie weder einen Arbeitsplatz noch höhere Löhne, keinen Schutz vor wachsender Kriminalität oder größere soziale Sicherheit, keine besseren Lebenschancen und auch nicht mehr Anerkennung. Andere erwarten gar nichts mehr von Par-

teien, die sich nur mit sich selbst beschäftigen und nahezu jeden Realitätskontakt verloren haben. Warum nicht Politik selbst machen, wozu überhaupt Parteien?

Früher waren die Parteien mit derlei Fragen nicht konfrontiert. Sie konnten sich auf bestimmte soziale Milieus als recht zuverlässige soziale Säulen stützen – die Union beispielsweise auf die katholisch-ländliche Bevölkerung, die gehobenen Mittelschichten und den Mittelstand. Die sozialen Wurzeln der SPD reichten vor allem in die gewerkschaftsnahe Industriearbeiterschaft mit Schwerpunkt in den großen Städten. Die Liberalen fanden ihre Stammwähler – entsprechend ihrer doppelten Tradition als rechts- und nationalliberal – unter aufgeklärten Bildungsbürgern in den Städten, aber auch in der bäuerlichen Bevölkerung und unter Kleingewerbetreibenden.

Diese traditionellen Bindungen begründeten lange gültige und für den einzelnen sinnvolle Wahlnormen. Sie spiegelten die polarisierenden gesellschaftlichen Konflikte des vorigen Jahrhunderts wider, denen die deutschen Parteien ihre Entstehung verdanken. Indem sie für das eine oder andere Konfliktlager sich engagiert, dessen Interessen politisiert und als Anwalt vertreten hatten, waren die Parteien dauerhaft gesellschaftliche Allianzen eingegangen. Ausgelöst hatten die Konflikte unversöhnliche Streitfragen über die Konfession, die Spaltung zwischen Kapital und Arbeit, die unterschiedlichen Lebensbedingungen zwischen Stadt und Land, zwischen Zentrum und Peripherie, der Kampf für Freihandel, Freizügigkeit und Bürgerrechte.[6]

Unter den Prämissen der westdeutschen Demokratie mit ihrem Ordnungsprinzip der sozialen Marktwirtschaft haben diese Konflikte mehr und mehr ihre politisch prägende Wirkung verloren. Wachsender Wohlstand für alle und eine Politik, deren erklärtes Ziel es war, soziale und regionale Ungleichheiten abzubauen, schufen eine breite nivellierte Mittelschicht, für die das Machtgefälle zwischen oben und unten, der Standort links oder rechts, die Erfahrung von arm oder reich, die Frage der Liberalität kaum noch die ursprünglich an die Parteien fixierte Bedeutung behielt. Es entstand ein Freiraum für neue, sogenannte postmaterielle Wertvorstellungen, die neben den traditionellen, eher konservativen Wertekanon traten. Werte wie Pflichterfüllung, Ordnung und Disziplin bekamen ein Gegengewicht von Zielvorstellungen wie Selbstentfaltung und Selbstbestimmung.

Die Folgen des gesellschaftlichen Wandels bekamen die westdeutschen Parteien spätestens ab Mitte der siebziger Jahre zu spüren. Mit der nachlassenden Polarisierung lösten sich ihre angestammten Milieus nach und nach auf, und allmählich begannen auch die dadurch abgestützten sozialen Bindungen zu schwinden. Aus alter Loyalität entlassen, hat die Zahl der Wechselwähler immer mehr zugenommen. Es dauerte nicht lange, bis auch die Wahlbeteiligung als Wahlnorm ihre Verbindlichkeit verlor. Nichtwählen und Parteiwechsel sind daher eng verschwistert, und die eine kann die andere Handlungsalternative leicht ersetzen. Beides sind Wahlentscheidungen, somit Kategorien des Wahlverhaltens.[7] Heute werden alte Grenzen schneller überschritten; Parteilager, etwa blaugelb oder rot-grün, lassen sich nicht mehr gegeneinander abschotten.

Um die 40 bis 50 Prozent schwankt gegenwärtig das

Potential der Wechselwähler, zwischen 30 und 40 Prozent stufen sich als potentielle Nichtwähler ein. Nach Untersuchungen der Konrad-Adenauer-Stiftung lag die Zahl der Stammwähler 1980 noch bei 60 Prozent, Anfang der neunziger Jahre nur noch bei 44 Prozent. In der gleichen Zeit hatten die Wechselwähler von 24 auf 43 Prozent zugelegt.

In Ostdeutschland sind Parteibindungen der beschriebenen Art erst gar nicht vorauszusetzen. Auch hier sind Studien der Konrad-Adenauer-Stiftung aufschlußreich.[8] Für Gesamtdeutschland beziffern sie die Wahlberechtigten mit grundsätzlicher Parteineigung auf 47 Prozent, im Westen auf 48, im Osten dagegen nur auf 38 Prozent. Nur augenblicklich für eine bestimmte Partei aufgeschlossen sind deutschlandweit 22 Prozent, in den neuen Ländern sind es 31 Prozent, in den alten 20 Prozent. Als nicht parteigebunden bezeichnen sich hier wie dort 30 Prozent.

Die erste freie Volkskammerwahl in der DDR ließ erkennen, daß es nach vierzig Jahren Nationaler Front von SED und Blockparteien keine historischen Anknüpfungspunkte mehr an alte soziale Wurzeln der Parteien gab. Es war ein Irrtum zu meinen, das Schaufenster zum Westen hätte automatisch Zuneigung zu westlichen Parteien geschaffen und unterschwellig auch Bindungen erzeugt. Im Unterschied zu den Westdeutschen sind die Ostdeutschen von Anfang an die geborenen Wechselwähler, mithin auch in größerer Zahl mögliche Nichtwähler.

Welche Tradition haben die Nichtwähler?

In den fünfziger und sechziger Jahren zählte die Statistik recht zuverlässig von Bundestagswahl zu Bundestagswahl etwa fünf Millionen Nichtwähler. Ihre Zahl ist im Laufe der Jahre dramatisch angestiegen.
Bei der Einheitswahl 1990 blieben in der alten Bundesrepublik zehn Millionen der Urne fern, weitere drei Millionen waren es in der ehemaligen DDR. Kein Zweifel allerdings: Die Volksparteien CDU/CSU und SPD hatten sich mit 20,3 beziehungsweise 15,5 Millionen nicht von der Partei der Nichtwähler überrunden lassen. Doch war noch nie zuvor bei einer Bundestagswahl die Mobilisierung so niedrig ausgefallen wie 1990. Bei einigen Landtagswahlen seither, in Hamburg, Bremen, Schleswig-Holstein und Baden-Württemberg, sind die Nichtwähler zur stärksten Formation aufgerückt, in Hessen und Rheinland-Pfalz verwiesen sie die CDU auf Platz drei.
Drei Maßnahmen in der Geschichte der alten Bundesrepublik veränderten die Möglichkeiten zur politischen Teilnahme wesentlich. 1956 wurde das Briefwahlrecht eingeführt, 1985 erhielten Auslandsdeutsche das Wahlrecht. Besondere Aufmerksamkeit wurde aber der Wahlrechtsänderung 1972 zuteil. Damals wurde das Wahlalter auf 18 Jahre abgesenkt; mit der Volljährigkeit erlangten die Jungen zugleich auch die politische Mündigkeit. Heute sind etwa drei Viertel der Gesamtbevölkerung über das Wahlrecht integriert.
Manchen reicht dies nicht. Diskutiert wird heute, das Spektrum der Repräsentanz noch zu erweitern. Wiederum durch eine Absenkung des Wahlalters, zum Beispiel

Wahlberechtigte, Wähler, Wahlbeteiligung, Anteile der großen Parteien

Wahljahr	*Wahlberechtigte*	*Wähler*	*Beteiligung in Prozent*	*Anteile von Union und SPD in Prozent*
1949	31.207.620	24.495.614	78,5	60,2
1953	33.120.940	28.479.550	86,0	74,0
1957	35.400.923	31.072.894	87,7	82,0
1961	37.440.715	32.849.624	87,7	81,5
1965	38.510.395	33.416.207	86,8	86,9
1969	38.677.235	33.523.064	86,7	88,8
1972	41.446.302	37.761.589	91,1	90,7
1976	42.058.015	38.165.753	90,7	91,2
1980	43.231.741	38.292.176	88,6	87,3
1983	44.088.935	39.279.529	89,1	87,0
1987	45.327.982	38.225.294	84,3	81,3
1990	60.436.560	46.995.915	77,8	80,1

Quelle: Statistisches Bundesamt

auf 16 Jahre, aber noch wesentlicher durch ein Kinderstimmrecht, das den Eltern oder Erziehungsberechtigten übertragen werden sollte. Mit dem Prinzip der allgemeinen und gleichen Wahl ließe sich dies allerdings wohl kaum vereinbaren. Hier ist wahrscheinlich auch eher daran gedacht, Problemen der Sozialpolitik durch einen Eingriff in das Wahlrecht beizukommen. Immer stärker wird auch die Forderung laut, in Deutschland lebenden Ausländern nach bestimmter Aufenthaltsdauer zumindest das kommunale Wahlrecht nicht zu verweigern.

Trotz weitergehender Forderungen – eine so breite Repräsentanz durch das Wahlrecht wie heute war früher nicht gegeben. Erst 1919 erhielten die Frauen das Stimmrecht – nach langem Kampf der Frauenbewegung. Bereits die erste geheime, gleiche und unmittelbare Wahl der Weimarer Republik im Januar 1919, an der auch die Frauen teilnahmen, begründete die hohe Wahlmoral der Deutschen. Pflichtbewußt gaben 83,6 Prozent ihre Stimme ab. Statistiken der damaligen Zeit rügten die Nichtwähler als wahlfaul oder wahlstörrisch. Trotz des offenbar starken Drucks gegen gesellschaftlich nicht akzeptiertes Verhalten sank danach – ein Zeichen der anhaltenden Wirtschaftskrise? – die Mobilisierung stetig ab bis zur Reichstagswahl vom Mai 1928, wo mit 75,6 Prozent die niedrigste Wahlbeteiligung während der gesamten Weimarer Zeit gemessen wurde. Mit den danach einsetzenden Wahlerfolgen der NSDAP strömten immer mehr Wähler an die Urne – auch dies wahrscheinlich eine Krisenreaktion. Die höchste Quote mit 88,8 Prozent verzeichnet die Statistik bei der letzten halbwegs noch freien Reichstagswahl vom März 1933, als Hitler bereits die Macht ergriffen hatte.
Wählen immer mehr als Pflicht zu akzeptieren und ernst zu nehmen, war eine Entwicklung, die sich im Kaiserreich des vorigen Jahrhunderts angebahnt hatte. Bei den ersten Reichstagswahlen 1871 waren nur männliche Staatsangehörige wahlberechtigt, die das 25. Lebensjahr vollendet hatten, im Besitz der bürgerlichen und politischen Ehrenrechte waren und in einem der Bundesstaaten wohnten, im ganzen nur ein Fünftel der Gesamtbevölkerung. Die Wahlbeteiligung lag bei 51,0 Prozent. 1912 hatte sie das

Plateau von 84,9 Prozent erreicht. Politische Partizipation durch Wahlen, so die Analyse von Wahlhistorikern, sei mit diesem Prozeß erfolgreich institutionalisiert, die höchste Stufe der Massenpartizipation bereits im Kaiserreich erklommen worden.

Als Motor für die wachsende Mobilisierung gilt die Politisierung um Konflikte, die das Parteiensystem überhaupt erst entstehen und sich verfestigen ließen: der Klassenkampf und die Sozialistengesetze, der Kulturkampf in seiner Kopplung von Feudalismus und Religion, der Kampf um Handel und freies Gewerbe. Konflikte erzeugten ein verstärktes Bedürfnis nach politischer Beteiligung, dem die Deutschen in ihrem aufstrebenden Nationalbewußtsein zugleich auch etwas Normatives verordneten.

Ähnlich pflichtbewußt waren die demokratischen Nachbarn der Deutschen nicht – wenigstens nicht freiwillig. In den beiden Ländern, die stets als demokratisches Vorbild herangezogen werden, in den USA und in der Schweiz, liegt die Wahlbeteiligung traditionell weit unter deutschem Niveau. Sie schwankte bei amerikanischen Präsidentschaftswahlen zwischen 50 und 60 Prozent. Bei den Schweizer Nationalratswahlen ist die Streuung etwas weiter, zwischen 46 und 63 Prozent. Nur in den Ländern, in denen gesetzliche Wahlpflicht herrscht, etwa in Italien oder Belgien, findet man eine ähnliche Beteiligungsquote wie bei den Deutschen. Nahezu hundertprozentigen Wahleifer haben bislang aber bloß totalitäre Regime bei ihren Wahlen verbucht.

Unabhängig von dem unterschiedlichen Beteiligungsniveau in den einzelnen Ländern zieht sich ein genereller

Trend durch Europa. Überall ist im Laufe des letzten Jahrzehnts die Wahlbeteiligung gesunken, am gravierendsten aber in Deutschland mit 11,3 Punkten. Deutschland rangiert mit seiner Wahlbeteiligung dadurch nur noch im Mittelfeld der Staaten der Europäischen Union. Ursprünglich gehörte die Bundesrepublik jedoch zur Spitzengruppe.[9] Zwar kann man diesen Vorgang als längst fällige Anpassung der Deutschen an internationale demokratische Standards werten; endlich beanspruchen die Deutschen keine Sonderrolle mehr für sich. Man kann aber auch beunruhigt fragen, warum eine so lange und stabile, offensichtlich auch kulturell verankerte Wahltradition so rasch verfällt.

Zu den allgemein gesellschaftlichen Veränderungen, die offenbar strukturell in allen modernen Staaten zu einer Aufweichung der Wahlnorm führten, treten heute situativ politische Motive hinzu. Für den außergewöhnlich dramatischen Abfall in Deutschland sind wohl die Ursachen hierzulande zu suchen.

Wer sind die Nichtwähler?

Der Rückblick auf die Tradition des Nichtwählens ließ erkennen: Wahlbeteiligung wechselt mit Zeit und Raum, ohne daß dies jeweils ein Indiz für den demokratischen Reifegrad darstellt. Es gibt einen Kern unerreichbarer Personen, die unter keinen Umständen von ihrem Wahlrecht Gebrauch machen. Es sind vermutlich strukturell ähnliche Individuen, aber nicht unbedingt von Mal zu Mal die gleichen. Ihre Zahl ist geringer und konstanter als die jener Wahlberechtigten, die sich je nach Situation mobilisieren lassen oder nicht und als sporadische[10] oder konjunkturelle Nichtwähler[11] bezeichnet werden können. Wenn die konjunkturellen oder sporadischen Nichtwähler im letzten Jahrzehnt zugenommen haben, wäre zu vermuten, daß sich das Profil der Nichtwähler im Vergleich zu früher gewandelt hat, da ehemals aktive Bürger sich nun verweigern und dem klassischen Lager der Nichtwähler eine neue Variante hinzufügen.

Traditionell unterscheidet die Wahlforschung drei Kategorien von Nichtwählern:

– *Unechte Nichtwähler*
  Darunter fallen alle, die aus technischen Gründen nicht an einer Wahl teilnehmen können. Zum Beispiel weil sie kurz vor dem Wahltermin verzogen oder verstorben sind, (Brief-)Wahlunterlagen nicht oder nicht rechtzeitig eintrafen. Obdachlose erhalten erst gar keine Wahlbenachrichtigung. Melderegister haben auch im Zeitalter der Elektronik oft nicht den aktuellsten Stand. Die Zahl der Personen, die auf diese Weise vom Wahlakt ausgeschlossen sind, wird auf drei bis vier Prozent geschätzt. Hinzu kommen noch unfreiwillige Nichtwähler. Sie sind kurzfristig durch Krankheit oder Reisen verhindert. Etwa zwei Prozent können auf diese Weise die Zahl der Nichtwähler vermehren.

– *Dauer-Nichtwähler*
  Für eine kleine Zahl von Personen kommt die Wahlteilnahme aus grundsätzlicher Überzeugung nicht in Betracht. Dazu zählen zum Beispiel religiöse Motive,

etwa die der Zeugen Jehovas, oder ideologische Vorbehalte von entschiedenen Systemgegnern. Man vermutet, daß die Dauer-Nichtwähler weitere vier bis fünf Prozent ausmachen.

– *Konjunkturelle Nichtwähler*
  Auf diese Gruppe konzentriert sich hier das Interesse. Sie entscheidet je nach Rahmenbedingung einer Wahl (für den Bundestag, Landtag, die Gemeinde oder Europa), ob sie wählen geht oder nicht, und stellt immer häufiger an die Parteien auch ein Moratorium zur Besserung, bevor sie überhaupt wieder wählen gehen wollen.
  Damit hinterfragen sie nicht nur den Sinn der Stimmabgabe bei einer bestimmten Wahl, sie rücken vielmehr den gesamten Zustand der politischen Kultur heute und auch die Leistungsfähigkeit des politischen Systems unter die Lupe, auf den Prüfstand.

Während unechte und Dauer-Nichtwähler mit etwa sieben bis zehn Prozent veranschlagt werden, kann die Zahl der konjunkturellen Nichtwähler – je nach Wahlebene – das Doppelte bis Dreifache ausmachen.
Spricht man von Nichtwählern, so steckt dahinter offensichtlich sehr Unterschiedliches. Das Lager der Nichtwähler ist alles andere als homogen. Ein generell wichtiger Aspekt dabei ist, wie stark Menschen in Gruppen eingebunden sind. Wer stark isoliert oder als Randgruppe lebt, neigt mit größerer Wahrscheinlichkeit zur Wahlenthaltung. Einige charakteristische soziale Strukturen schälen sich heraus. So resümiert der Nichtwähler-Forscher

Michael Eilfort: »Frauen neigen eher zur Wahlenthaltung als Männer, junge Leute und Senioren eher als ›Mittelalte‹, Protestanten eher als Katholiken. Die Stadt beteiligt sich in geringerem Maße als das Land, Menschen mit geringerem Sozialstatus und Randgruppen sind teilnahmsloser als angesehene, integrierte Bürger mit höherem Bildungs-, Einkommens- und Lebensniveau.«[12]

Die Repräsentative Wahlstatistik erlaubt, besonders genau die verschiedenen Altersgruppen sowie Frauen und Männer nach ihrer Wahlbeteiligung zu untersuchen. Jugendliche haben schon immer seltener von ihrem Wahlrecht Gebrauch gemacht. Dafür gibt es eine Reihe von Gründen, die auf die Lebensumstände der jungen Menschen zurückzuführen sind: Etwa die größere regionale, soziale und psychische Mobilität im Zusammenhang mit der Ausbildung, der Suche nach eigener Identität, bei der Existenzgründung. Meist fällt dies mit einer besonders empfindsamen Phase der politischen Bewußtseinsbildung zusammen. Zu beobachten ist aber, daß diese Kluft zwischen den Generationen in der politischen Beteiligung heute weiter wächst. 1972 etwa, als das Wahlalter auf 18 Jahre herabgesetzt worden war, betrug der Abstand zwischen der jüngsten und der ältesten Wählergruppe 8,7 Punkte. Seither ist dieser Abstand kontinuierlich gestiegen; er lag bei der Bundestagswahl 1990 bei 21,4 Punkten. Junge Menschen gehen also immer mehr auf Abstand zu den Parteien und zu der institutionalisierten Form der politischen Teilnahme, der Wahl. Den Lauf der Dinge bestimmen also weit mehr die alten Menschen als die jungen, um deren Zukunft es doch geht.

Systematisch unterrepräsentiert sind auch die Frauen,

was ihre Wahlbeteiligung anbelangt. Im Rückblick der letzten dreißig Jahre sind sie stets seltener zur Wahl gegangen als Männer, und zwar durch alle Altersgruppen hindurch. So hat ihre Stimme in der ohnehin männerdominierten Politik weniger Gewicht. Die jüngsten und die ältesten Frauen nehmen dabei noch seltener als die anderen an Wahlen teil. Da sich der Trend verschärft, können es nicht bloß herkömmliche Gründe sein, die junge Menschen und insbesondere junge Frauen in die Wahlenthaltung treiben. Erwartungen an eine ganzheitliche Lebensplanung, bei der Beruf und Familie vereinbar sind und Frauen den gleichen Zugang zum Arbeitsmarkt hätten, sind in den letzten Jahren offenbar von der Politik tief enttäuscht worden. Für die ostdeutschen Frauen, die Beruf und Familie als selbstverständliches Lebenskonzept ansehen, gilt dies in besonderem Maße. Immer weniger Frauen finden Arbeit, die früher garantierte Kinderbetreuung ist zusammengebrochen. Die Wahlbeteiligung der 21- bis 24jährigen Frauen in Ostdeutschland bei der Bundestagswahl 1990 betrug nur noch 54,2 Prozent.

Auf den ersten Blick liest sich das soziale Porträt der Nichtwähler zwar wie eine Beschreibung der politisch Desinteressierten und gesellschaftlich Desintegrierten. Beobachtungen in jüngerer Zeit setzen einen anderen Akzent. Vor allem auch Gutinformierte und Gutsituierte bleiben der Wahl fern. Die Zahl der kritisch-intelligenten Nichtwähler nimmt zu, abzulesen am Beispiel der jungen, besonders qualifiziert ausgebildeten Frauen. Eine alte Typologie von Nichtwählern ist um eine neue zu ergänzen.

2 Qualität von demokratischen Wahlen und Spektrum der Nichtwähler

Qualitätskriterien einer demokratischen Wahl

Warum verzichten immer mehr konjunkturelle Nichtwähler auf ihr demokratisches Grundrecht zur Mitsprache? Was bewegt sie in dieser Entscheidung?
Will man nur dann wählen, wenn wirklich was zu entscheiden ist, also bei wichtigen Zukunfts- und Schicksalsfragen der Nation; wenn polare Richtungsentscheidungen anstehen oder klare Alternativen zwischen Parteien und Kandidaten, überzeugende Lösungen von Streitfragen angeboten werden; bei dramatischen Kopf-an-Kopf-Rennen, wo alles offen ist und jede Stimme zählt; oder wenn die Demokratie in Gefahr ist? Verweigern Nichtwähler der bisher gewählten Partei die Gefolgschaft und verpassen ihr einen strafenden Denkzettel, damit sie sich endlich ändert und einen anderen Kurs einschlägt? Haben Nichtwähler schon alles ausprobiert und resignieren nun, weil sie keinen Sinn mehr im Wählen sehen und sich doch nichts ändert? Ist die Stimmenthaltung für manche auch ein Ventil für aufgestauten Frust und Protest, ein erster Schritt zur politischen Radikalisierung, um Ohnmacht zu überwinden, also eine Drohgebärde? Oder sind Nichtwähler so zufrieden mit dem Lauf der Politik, daß sie keinen Grund zur Einmischung sehen und sich lieber um die näherliegenden privaten Sachen kümmern? Hal-

ten sie Gemeinwohl und Gemeinsinn heute für überholt und setzen in erster Linie auf eigene Initiative, damit aus ihrem Leben etwas wird? Sehen sie in der Politik bloß einen Büttel wirtschaftlicher oder anderer undurchsichtiger Interessen, so daß sie sich lieber auf die eigenen Fähigkeiten zur Interessendurchsetzung verlassen?
Sind Nichtwähler mit den bescheidenen Möglichkeiten zur politischen Teilnahme und zur Mitbestimmung prinzipiell unzufrieden und möchten daher nicht mehr bloß als Stimmvieh dienen, setzen also das Mittel der Verweigerung strategisch ein, um mehr Mitsprache zu erwirken? Wollen Nichtwähler, bewußt oder vielleicht nur unbewußt, oder können Nichtwähler erreichen, daß sich grundsätzlich etwas ändert: an der bisherigen Parteienlandschaft, an der Demokratie im ganzen? Theoretisch gelten Nichtwähler als nicht-existente Wähler. Die Statistik berichtet über sie der Ordnung halber; die Parteien appellieren gern an sie, um ihr Stimmenpolster aufzubessern, ignorieren sie aber, wenn die Wahl gelaufen ist. Die Stimmenauszählung und die anschließende politische Verwertung des Wahlergebnisses in Form von Mandatszuweisungen läßt die Nichtwähler samt den ungültigen Stimmen unter den Tisch fallen. Für die politischen Kräfteverhältnisse zählen nur die gültigen Stimmen. Indirekt wirkt sich somit die Enthaltung der Nichtwähler in einer Bestätigung der jeweils von den anderen herbeigewählten Kräfteverhältnisse aus. Ist Nichtwählen somit nur ein symbolischer Akt mit ungewollten Folgen, oder kann es doch viel mehr bewirken?
Motive und Absichten der Nichtwähler scheinen widersprüchlich und undurchsichtig, vernünftig, aber auch

gefühlsbetont und zynisch, ideologisch fest, aber auch labil, konstruktiv für die demokratische Entwicklung, aber auch subversiv. Die Motive richtig einzuordnen und zu entscheiden, ob Ausmaß und Natur des Nichtwählens den demokratischen Konsens einer Gesellschaft berühren, welche Rolle also Nichtwähler bei der Aufrechterhaltung einer demokratischen Gesellschaft spielen, ist offenbar nicht so leicht. Welche Anforderungen müssen Wahlen überhaupt erfüllen, um demokratiefördernd zu sein?

Wahlen sollten den demokratischen Zustand einer Gesellschaft zum Ausdruck bringen. Frühe Demokratietheoretiker gingen davon aus, daß Eigeninteresse diesen Prozeß am besten steuern könne. Wenn alle nach Eigeninteresse handeln, ergäbe sich ein rationaler Konsens: »The greatest good for the greatest number.« Sind alle Menschen vernünftig, verantwortungsbewußt und informiert genug, um ihr Eigeninteresse zu erkennen, entsteht aus solchem Handeln unausweichlich Harmonie und allgemeine Wohlfahrt. Wahlen sollten dazu dienen, Repräsentanten dieser unterschiedlichen Interessen zu bestimmen. Dazu ausgewählt, treten sie als schlichte Agenten ihrer Auftraggeber auf, übernehmen deren Mandat und in Ausübung dieses Mandats stellen sie einen demokratischen Interessenausgleich her.

Diese Theorie des übertragenen Mandats als Grundlage einer demokratischen Entwicklung wurde von Kritikern bald in Frage gestellt. Denn nicht alle Wähler verfügen über die idealen Fähigkeiten, ihr Eigeninteresse klar zu formulieren, was die Gefahr von Manipulation durch politische Organisationen, aber auch durch die Massen-

medien wachsen läßt, und Fremdbestimmung statt Selbstbestimmung fördert. Der Erfolg der NSDAP innerhalb des Wahlsystems einer formalen Demokratie galt als definitiver Beleg für das Scheitern der Demokratie durch Druck von innen, quasi als ideale Versuchsanordnung für eine Wählermanipulation, die mit dem Appell an das Eigeninteresse Demokratie gewährleisten will, aber letztlich doch in die Katastrophe führt. Wahlen müssen offenbar noch weitergehende Funktionen erfüllen als nur die Harmonisierung der Eigeninteressen zum gemeinsamen Wohl. Dies gilt heute noch genauso. Trotz einer inzwischen weit aufgeklärteren und informierteren Öffentlichkeit, trotz der historischen Erfahrung ist Wählermanipulation heute so wenig ausgeschlossen wie damals.
Eine frühe empirische Wahlanalyse, zur Präsidentschaftswahl 1952 zwischen Eisenhower und Stevenson, gehört zu den wenigen Untersuchungen, die sich nicht – wie traditionell üblich – mit den Gründen für die Wahlentscheidung befassen, sondern mit dem Wahlvorgang selbst. Im Zentrum steht die Frage, welche Kriterien erfüllt sein müssen, damit eine demokratische Gesellschaft aufrechterhalten werden kann. Die Autoren der Untersuchung, die amerikanischen Politologen Morris Janowitz und Dwaine Marvick, setzen ein anderes Konzept gegen die alte Stellvertreter- oder Mandatstheorie.[13] Wahlen im demokratischen Prozeß sehen sie an eine doppelte Aufgabe geknüpft: Sie sorgen für die Auswahl von konkurrierenden Kandidaten oder Parteien für ein Regierungsamt und sind zugleich auch ein Weg, Kompromiß und Konsens zwischen politischen und sozialen Kräften herbeizuführen, und zwar nach anerkannten Spielregeln.

Auf diese Weise organisiert und verankert der Wahlvorgang Demokratie in der Gesellschaft. Janowitz und Marvick formulieren unter diesem Blickwinkel einen Katalog von fünf Kriterien, mit deren Hilfe sie die demokratische Qualität einer Wahl beurteilen. Sie hängt ab von dem Maß:

1. in dem die Parteienkonkurrenz ein hohes Niveau an Wahlbeteiligung unter allen sozialen Gruppen erzeugt;
2. in dem Wahlbeteiligung auf hohem politischem Selbstvertrauen beruht wie auch auf hohem Eigeninteresse am Ausgang der Wahl;
3. in dem der Parteienwettbewerb eine wirkungsvolle politische Argumentation über Themen und Kandidaten anregt und eine sinnvolle Grundlage für die Wahlentscheidung schafft;
4. in dem die konkurrierenden Parteien sich gegenseitig verpflichten, die Massenmedien nicht einseitig für sich zu monopolisieren;
5. in dem persönliche Gespräche ein wesentlicher Bestandteil des Wahlkampfs sind, unabhängig von dem Einfluß der Massenmedien.

Nimmt man diese fünf Kriterien als Meßlatte für die Qualität von Wahlen, um zu beurteilen, inwieweit sie den demokratischen Prozeß stützen und damit auch Menschen bewegen, von ihrem Stimmrecht Gebrauch zu machen, wird man sehr schnell die Defizite heute und hierzulande erkennen. Auch Janowitz und Marvick fanden damals eine Reihe von Schwachpunkten heraus, die den demokratischen Prozeß gefährden können.

Da ist zunächst die Forderung, daß alle Gruppen möglichst in gleichem Umfang und möglichst zahlreich mobilisiert werden sollen. Das Maximum kann dabei nicht das Optimum darstellen. Es gibt zwar einen tiefsitzenden Glauben, in einer Demokratie sollte jeder wählen, aber diese Vorstellung wäre utopisch. Ein gewisses Maß an politischer Gleichgültigkeit kann mit dem politischen System verträglich sein, weil sie Emotionen dämpft und somit als Puffer oder Kissen gegen Radikalisierung wirken kann. Problematisch ist allerdings, wenn die politische Teilnahme ungleich verteilt ist, und somit einige soziale Gruppen systematisch in ihrer Repräsentation bevorzugt oder benachteiligt sind.

Die amerikanischen Forscher fanden heraus, daß die unterste Mittelschicht die geringste Wahlbeteiligung aufwies und folglich aus dem demokratischen Konsens des damaligen Präsidentenwechsels weit mehr als andere ausgeschlossen war. Auch für die deutschen Verhältnisse gilt, daß unter den Nichtwählern die benachteiligten Unterschichten besonders zahlreich sind. Als praktische Reform zur Verbesserung der demokratischen Qualität des Wahlvorgangs schlagen Janowitz und Marvick die Angleichung der ökonomischen Lebensbedingungen vor. Unter den heutigen Bedingungen müßte man vielleicht eher von Lebensverhältnissen und Lebensstilen sprechen.

Als zweites Kriterium heben Janowitz und Marvick auf das politische Selbstbewußtsein und das Eigeninteresse der Wähler am Wahlausgang ab. Die alte Theorie vom rationalen Eigeninteresse als demokratischem Motor wandeln sie entscheidend ab, indem sie ihr einen realistischen sozialpsychologischen Ansatz hinzufügen. Wer überzeugt ist, daß der einzelne den Gang der Politik durch sein Verhalten beeinflussen kann und dafür auch die entsprechende Kompetenz und Macht besitzt, für den ist Wahlbeteiligung sinnvoll, und er praktiziert sie auch. Von ähnlicher Bedeutung ist die Einschätzung, ob der Ausgang einer Wahl sich günstig oder ungünstig auf das eigene Schicksal auswirken könne. Politisches Selbstbewußtsein und die Auffassung, wie eine Wahl ausgeht, könne für den einzelnen persönliche Konsequenzen haben; darin sehen die Forscher die Triebfedern für die Wahlbeteiligung.

Auch aktuelle Studien in Deutschland kommen zu ähnlichen Resultaten. In einer Stuttgarter Untersuchung von Wählern und Nichtwählern sahen 79 Prozent der Wähler in Wahlen eine sinnvolle Einflußmöglichkeit, Nichtwähler teilten diese Auffassung nur zu 55 Prozent.[14] Wer in Wahlen keine Einflußmöglichkeit erblickt oder sich, wie auch immer die Wahl ausgeht, den Umständen ohnmächtig ausgeliefert fühlt, zieht sich eher zurück. Nicht alle wollen aber diesen Rückzug als Resignation verstanden wissen, sondern als Alarmsignal. Sie möchten, daß die durch die Wahl zur Verfügung stehenden Mitsprache- und Mitwirkungsmöglichkeiten wirkungsvoller als in der jetzigen Praxis gestaltet werden.

Unerfüllt und unrealistisch scheint heute das dritte Kriterium. Damit der Wahlvorgang die Demokratie stabilisiert, sollten die Argumente der verschiedenen Parteien und Kandidaten den Umworbenen einleuchten und eine sinnvolle Entscheidungsgrundlage bieten. Der Konkurrenzkampf sollte nicht bloß zum Schein und als Fassade inszeniert sein, sondern die Alternativen wirklich aufzeigen. Aber anstelle von Konflikten werden Skandale bearbeitet, es gibt mehr schmutzige als wirkliche Konkurrenz.

Wahlkämpfe werden heute immer weniger argumentativ geführt, erschöpfen sich in der Präsentation von Symbolen und Images. Das Gewicht der Medien im Alltagsleben fördert noch diese Tendenz zur Irrealisierung. Schon aus diesem Grund können Wahlkämpfe keine Orientierung für eine Wahlentscheidung liefern, die es ermöglicht, die Positionen und Qualitäten von Kandidaten sowie unterschiedliche Versuche der Problemlösung wirklich zu erkennen. Fraglich ist auch, ob die Sachkompetenz der einzelnen Wähler ausreicht, die Komplexität von Streitfragen zu durchschauen und dabei das subjektiv Richtige zu erfassen.

Daß Wähler in politischen Sachfragen Experten sein sollten, wird keiner vermuten und verlangen. Janowitz und Marvick unterstellen dies auch nicht, billigen den Wählern aber »die Weisheit des Durchschnittsbürgers« zu, die auf lange Sicht in der Wahlentscheidung anderen Alternativen überlegen sein könnte. Der »common sense« befähige zu einem besseren politischen Urteil als der im professionellen Training erworbene Sachverstand von Spezialisten. Was den common sense letztlich überlegen mache, ist die Tatsache, daß er sich im Alltag dauernd mit der Erfahrungswelt der einzelnen rückkoppeln muß und durch diese Bürgernähe Autorität und Authentizität erwirbt. In diesem Sinn entdeckten Janowitz und Marvick bei den engagierten Präsidentschaftswählern, die für den Wechsel stimmten, die notwendige und sachverständige

Urteilsfähigkeit. Der Zynismus der Parteien gegenüber den Wählern, der heute zu beobachten ist, geht aber von einem ganz anderen Menschenbild aus. Trotz Bildungsexpansion in den letzten Jahren, trotz verbesserter Information durch die Massenmedien halten die Parteien das Gros der Wähler in aller Regel für politisch unterbelichtet und daher intellektuell für unfähig, sich ein angemessenes Urteil zu bilden.

Mit dem vierten und fünften Kriterium betonen Janowitz und Marvick die Kommunikationsbedingungen einer Wahl. Nach ihrer Vorstellung sollten die Parteien die gleichen Zugangschancen zu den Massenmedien haben und dabei auch die Möglichkeit, das Meinungsklima und die politische Meinungsbildung durch den Wahlkampf ihrer Aktivisten zu beeinflussen. Freilich sind hier die deutschen Bedingungen ganz anders als in den USA, aber hier wie dort ist die Frage nach dem Einfluß der Medien auf die politische Kommunikation, generell auf die demokratische Grundlage einer Gesellschaft, aktueller denn je.

Durch Staatsverträge haben sich die deutschen Parteien Zugang und Kontrolle zu den elektronischen Medien gesichert und sind dabei auch bereit, die Spielregeln des Proporzes einzuhalten, denn gerade diese gewährleisten, daß die Benutzung der Medien im Wahlkampf ein kostenloses Privileg der Etablierten bleibt, sei es durch die Bereitstellung von Sendezeiten für die Parteienwerbung, sei es als Plattform für die Parteien in redaktionellen Beiträgen der den Wahlkampf begleitenden Berichterstattung. Die kleinen Parteien, neugegründete und auch extreme, dürfen an diesem Ritual teilnehmen; die

Gerichte haben so nach dem Prinzip der Gleichbehandlung entschieden.
Die etablierten Parteien reagieren darauf mit doppelter Moral und Eigennutz. Sie denken nicht daran, aus demokratischer Solidarität auf die kostenlose Wahlwerbung zu verzichten, wie manche Sendeanstalten fordern, allen voran der Intendant des NDR, Jobst Plog. Damit sie selbst nicht um die Chance der Massenwerbung gebracht werden, billigen sie diese auch den extremen Parteien zu. Zugleich drohen sie aber damit, Wahlsendungen zu boykottieren, sollten neben ihnen Parteien auftreten, die nicht im Parlament sind oder die sie als undemokratisch einstufen. Sie legen also die Spielregeln und die Eintrittsbedingungen fest, wer zum Kreis der Mitspieler gehören darf. Statt sich journalistisch oder politisch mit den radikalen Parteien auseinanderzusetzen, müssen die Gerichte entscheiden, ob und wann kleinen Parteien Zutritt zu den elektronischen Medien gewährt wird – mit zum Teil kontraproduktivem Resultat. Mit jeder Klageinstanz wächst die Bekanntheit dieser Parteien, auch das Gefühl ihrer legalen Normalität, wenn sie nicht gar als politische Märtyrer gelten dürfen. Das deutsche Problem ist nicht die Monopolisierung von Massenmedien, vielmehr die Instrumentalisierung von Redaktionen durch die Parteien.
Allerdings hat sich die deutsche Medienlandschaft innerhalb des letzten Jahrzehnts durch die Vielfalt und Unübersichtlichkeit des Angebots grundlegend gewandelt. Daß das Fernsehen in der politischen Kommunikation eines Wahlkampfs eine singuläre und immer dominantere Rolle spielt, wie es noch Anfang der achtziger Jahre

vermutet wurde,[15] muß heute relativiert werden. Marktanteile für Sender, erst recht für Programme, schmelzen zusehends und schichten sich um. Dem Einfluß politischer Kommunikation via Fernsehen sich zu entziehen, wird immer leichter, immer souveräner hantiert das Publikum mit der Fernbedienung.

Um so relevanter ist in diesem Zusammenhang die Frage: Wer hat das letzte Wort beim Agenda Setting, das heißt: Wer setzt Themen auf die Tagesordnung oder initiiert einen Themenwechsel – die Parteien, die Medien, das Publikum? Diese Frage ist von großem Belang. Denn trotz der Vielfalt der Medien monopolisieren einzelne Themen die Aufmerksamkeit, Abweichendes und Randständiges haben wenig Chancen. Die Medien helfen bei dieser Verzerrung der Wirklichkeit kräftig mit. Traditionell hat die Regierung die besseren Karten, denn sie kann durch ihr Handeln Ereignisse und Themen schaffen und sogar noch durch das Echo der Opposition mit einem Verstärkereffekt rechnen. So herrscht bereits zwischen Regierung und Opposition Asymmetrie in der Medienpräsenz, die sich noch einmal verschärft fortsetzt zwischen den etablierten Parteien und jenen, die noch nicht dem Club der Parteien über fünf Prozent angehören. Daß nicht die Parteien allein, schon gar nicht nur die etablierten, daß auch nicht die Medien mit ihren Manipulationsmöglichkeiten die Tagesordnung bestimmen, sondern auch das Publikum, die Wahlberechtigten, wäre ein demokratisches Erfordernis. Der Frust über die Art, wie heute der politische Diskurs am Publikum vorbeigeführt wird, hat die Parteienverdrossenheit mit gefördert und womöglich auch die Unlust am Wählen.

Kritisch ist heute auch das letzte Kriterium, an das Janowitz und Marvick ihre Vorstellungen von einem demokratischen Wahlvorgang knüpfen: das persönliche politische Gespräch als Gegengewicht zum Einfluß der Medien und Voraussetzung für individuelle Meinungsbildung. Nach wie vor haben organisationsstarke Parteien noch Positionsvorteile, aber die Motivation der Mitglieder, aktiv mitzuarbeiten, Überzeugungsarbeit zu leisten, läßt immer mehr nach, und mithin schwindet die Möglichkeit, über die eigenen Netzwerke eine Argumentation in das Wahlvolk zu tragen. Verwandte oder stützende Organisationen, etwa die Kirche für die Union oder die Gewerkschaften für die SPD, kämpfen mit ähnlichen Problemen in ihrer Gefolgschaft und bieten keine Schützenhilfe mehr. Massenmobilisierung über diesen Weg wird unrealistisch, mehr Chancen haben da kleine Parteien mit ihren ausgesuchten, überschaubaren Netzwerken. Erschwerend kommt hinzu, daß sich die Gesellschaft im ganzen immer mehr atomisiert, Lebens- und Konsumstile für den einzelnen maßgeblicher werden als der Erfahrungshintergrund eines gemeinsamen Milieus. Wahlnormen, auch die verinnerlichte Wahlpflicht in den Köpfen der Bürger, generell der demokratische Konsens, weichen unter diesen Bedingungen auf.
Die fünf Kriterien, mit deren Hilfe Janowitz und Marvick die Qualität einer demokratischen Wahl abschätzen, bei der Konsens und nicht Manipulation den Ausschlag gibt, sind sicher nicht der einzig verbindliche Maßstab. Nach mehr als vierzig Jahren erscheinen sie aber noch immer aktuell. Aus heutiger Sicht und angesichts der allenthalben zu hörenden Kritik wird das Augenmerk indes stär-

ker auch auf die Parteien als Akteure gelegt, vor allem auf die Art, wie sie die ihnen in der Verfassung zugestandenen legalen Funktionen in der Praxis ausfüllen. Der Parteienalltag hat demokratische Mängel, die für immer mehr Menschen den Sinn der Wahlen in Frage stellen und damit die demokratische Entwicklung.
Da ist aber auch ein Stück überkommener, reformbedürftiger Verfassungstradition.[16] Dazu gehören zum Beispiel:

- das Nominierungsmonopol und ausschließliche Vorschlagsrecht der Parteien bei der Kandidatenaufstellung,
- die Wahl nach starren Parteilisten,
- die fehlenden Möglichkeiten zur Volksgesetzgebung (durch Volksbegehren und -abstimmung),
- keine Direktwahl bei hohen Amtsträgern,
- geringe Möglichkeiten zur Ausschöpfung des Stimmrechts (durch Panaschieren oder Kumulieren),
- Priorisierung einer einzigen Stimme für die Fraktionsstärke im Parlament,
- die unterschiedliche Repräsentanz je nach Bundesland, gemessen an dem Quotienten zwischen Einwohnern und Bundestagsabgeordneten,
- die Unterschlagung der ungültigen und Nichtwählerstimmen bei der Mandatsberücksichtigung,
- die Fünf-Prozent-Hürde.

Diese Regeln gelten zwar nicht ausnahmslos, aber doch im wesentlichen. Bisher bestand Konsens über derartige Konventionen des Wählens. In diesem Komfort, den das Regelwerk bereithält, haben sich die Parteien bequem

eingerichtet, und auch die Mehrzahl der Wähler hat sich daran gewöhnt. Bislang haben diese Konventionen die Macht der Etablierten und die Überschaubarkeit des demokratischen Prozesses gesichert. Nun wehrt man sich gegen drohende Änderungen. Denn viele, offenbar auch ein Teil der Nichtwähler, möchten so nicht mehr mitspielen; sie argumentieren mit ihren eigenen demokratischen Erfahrungen und Ansprüchen, empfinden diese Regularien nicht mehr als demokratisch zeitgemäß, vielleicht gar als gefährlich für die Demokratie.
Reformen mit dem Ziel langfristiger demokratischer Stabilität und Regierbarkeit sind dann unausweichlich, wenn der demokratische Konsens bröckelt und mehr statt weniger Demokratie, anspruchsvollere statt konventionelle Beteiligung gefordert wird.

Das Spektrum der Nichtwähler

Woran nehmen die Nichtwähler Anstoß? Wie müßte aus ihrer Sicht der demokratische Prozeß organisiert sein, damit sie (wieder) bereit wären, sich in den demokratischen Konsens, den Wahlen herbeiführen sollen, einzuordnen? In welcher Weise spiegelt das Spektrum der Nichtwähler das gegenwärtige Krisenbewußtsein? Wählen ohne eine innerlich überzeugende Motivation birgt in sich Gefahren für das politische System. Wahlwerbung und Appelle, wählen zu gehen, sind wohl wenig tauglich, wenn es an innerer Überzeugung mangelt.
Wichtiger und erfolgversprechender als der Versuch, durch Werbemaßnahmen die Wahlbeteiligung zu erhö-

hen, wäre wohl die Anstrengung, das demokratische Procedere samt seinen Mitwirkungsmöglichkeiten zu verbessern, damit durch neue Beteiligungsverfahren kompetentere und qualifiziertere Parteien und Kandidaten zur Auswahl stünden und die Motivation zu wählen stimuliert würde.

Viele Wahlbürger sind heute von den Leistungen des politischen Systems und speziell der Verantwortlichen in Bund, Ländern und Gemeinden enttäuscht. Selbst in ihrem Alltagsleben mit hohen Leistungsanforderungen konfrontiert, erwarten sie Ähnliches von der Politik und kommen zu dem Schluß, daß viel debattiert, aber wenig entschieden, viel versprochen, aber wenig gehalten wird. Ob all diese Erwartungen gerechtfertigt sind oder vielleicht bloß naiv, sei dahingestellt. Auf jeden Fall haben sich die Parteien selbst in ein Versagensdilemma hineinmanövriert.

Parteien beanspruchen, immer mehr Sektoren des öffentlichen Lebens zu gestalten und zu steuern, mischen in allen öffentlichen Institutionen mit, verstehen sich als Sinnproduzenten, die die Welt deuten, aber auch bewegen und verändern wollen, schreiben ihrem Tun Wirtschaftserfolge und technische Innovation zugute, initiieren Wertewandel oder geistig-moralische Wenden, kurzum signalisieren Allzuständigkeit und omnipotente Zukunftskompetenz für den ökonomischen, sozialen, psychologischen und philosophischen Problemhaushalt der Nation. Für jeden Rückschlag werden sie nun auch verantwortlich gemacht, die Krise wird ihnen angelastet. Zudem wissen sie auf die großen Zukunftsfragen: Arbeit, Umwelt, Verkehr, Wohnen, innere Sicherheit, Zuwanderung, Verteilungsgerechtigkeit im Zuge der Wiedervereinigung und im weltweiten Maßstab, neue Friedensordnung keine rechte Antwort. So öffnet sich die Schere zwischen Aufgabenhäufung und gleichzeitigem Verlust an Ansehen und Kompetenz immer weiter. Vertrauens- und Legitimationsdefizite sind die Folge, im Osten wie im Westen.

Wenn das wahre Ausmaß einer Krise dadurch gekennzeichnet ist, daß sich die Lage auf vier Ebenen zuspitzt, nämlich in der Wirtschaft, im sinnvollen Output eines politischen Systems, also im Regierungshandeln, in der schwindenden Legitimation der politischen Repräsentanten und schließlich in der Motivation aller Beteiligten, so sind die Wahlen gegenwärtig ein genauer Reflex dieser angespannten Situation. Er spiegelt sich auch im Spektrum der Nichtwähler wider, die damit selbst so etwas wie ein Krisensymptom darstellen.

In einer Studie über Nichtwähler am Beispiel der Bundestagswahl 1990 haben die Wahlforscher Carsten Ascheberg und Jörg Ueltzhöffer untersucht, wie die Wahlverweigerer ihre Entscheidung begründen und erklären.[17] Ausführliche Gespräche in Ost- und Westdeutschland bilden das Material, auf das sie eine Typologie von sieben Motivkreisen stützen. Alte Raster politischer Teilnahmslosigkeit finden sich neben neuen Aspekten wachsender Distanz zum politischen System. Zum Typ der alten Nichtwähler tritt also ein neuer hinzu. Apathie und Resignation oder auch das Gegenteil, ein Gefühl von wohlbehaglicher Systemzufriedenheit erinnern an vertraute Kennzeichen der Nichtwähler; Werteverlust, Individualismus und Suche nach neuer politischer Identität spre-

chen für eine neue Richtung unter den Wahlverweigerern. Verändert hat sich das Profil der Systemgegner. Sie lassen sich heute besser als Fundamentalopposition charakterisieren, die besondere Erwartungen an das politische System stellt und deshalb hohe Ansprüche an politische Beteiligung entwickelt hat. Dazwischen steht eine große Gruppe von Nichtwählern aus Protest.
Die sieben Motivkreise grenzen sich folgendermaßen voneinander ab:

1. Aggressive Apathie
2. Saturiertheit/Systemzufriedenheit
3. Fundamentalopposition
4. Protest aus aktuellem Anlaß
5. Sinnkrise, Distanzierung
6. Neues weibliches Bewußtsein
7. Radikaler Individualismus

Da die Typologie aus qualitativen Daten, nämlich aus Intensivgesprächen, gewonnen wurde, läßt sich nicht beziffern, wie groß diese Gruppen sind. Diese Frage ist aber auch nicht relevant. Die verschiedenen Gruppen stehen nicht für vereinzelte individuelle oder zufällige Reaktionen, sondern sind als Typen repräsentativ für das weite Spektrum, das sich heute hinter dem Kollektiv der Nichtwähler verbirgt.

Motivkreis 1: Aggressive Apathie
Zu diesem Motivkreis gehören Personen mit einem tiefsitzenden Gefühl sozialer und wirtschaftlicher Unzufriedenheit. Als Randständige der Gesellschaft fühlen sie sich

zu kurz gekommen, empfinden sich als Opfer und Spielball der politischen Umstände, auf die sie selbst keinen Einfluß nehmen können. Ihr Gefühl von Ohnmacht gegenüber den herrschenden Verhältnissen hat zu emotional aufgeladenen Ressentiments gegenüber der Politik, den Politikern, den Parteien geführt. Sie sind zu »denen da oben« auf Abstand gegangen; so einer wie sie hat von denen da oben nichts oder nichts Gutes zu erwarten. Entsprechend nehmen sie die Gesellschaft auch wahr, es gibt ein schicksalhaftes, unabänderliches Oben und Unten.

Gefühle politischer Macht- und Einflußlosigkeit haben sich verknüpft mit der Selbsteinschätzung als politisch und sozial inkompetent – Ohnmacht und Minderwertigkeitsgefühle verbinden sich im ganzen zum Syndrom fehlenden politischen Selbstvertrauens. Es kann allenfalls durch das Zugehörigkeitsgefühl zur Nation stabilisiert werden, die Volksgemeinschaft als Ersatz für eine politisch zivile Bindung.

Das fehlende politische Selbstwertgefühl mündet in eine aggressive Passivität, die für Politik und ihre Lösungsversuche wenig Interesse aufbringt. Was man von der Politik überhaupt nur zur Kenntnis nimmt, ist durch ein stereotyp negativ gefärbtes Raster gefiltert, die eigene subjektiv abfällige Sicht wird dabei von der allgemeinen Parteienverdrossenheit objektiv bestätigt.

Da man der Demokratie als Weg zur Herstellung von Chancengleichheit grundsätzlich mißtraut, werden Strategien zur autoritären Konfliktlösung bevorzugt. Anstelle des liberalen Rechts- und Sozialstaats wären eine starke Führung und einfache Lösungen noch am ehesten geeig-

net, das Schicksal der Zukurzgekommenen zu wenden. Gewalt ist in diesem Zusammenhang kein Tabu.
Das Politikverständnis der modernen rechtsradikalen Parteien paßt wie ein Schlüssel auf die Mentalität der aggressiv-apathischen Nichtwähler. Die neue Rechte definiert ihren Begriff von Politik über ideologische Postulate wie:

- Behauptung natürlicher Hierarchien. Daraus leitet sich eine biologisch oder rassisch, nicht sozial begründete Ungleichheit ab (etwa zwischen Männern und Frauen; Starken und Schwachen; Weißen und Schwarzen; Gesunden und Kranken). Überhöht wird diese Weltanschauung durch den Glauben an mystische Vorbestimmung.
- Betonung des Rechts des Stärkeren, des Faustrechts. Daraus folgt die Billigung und Rechtfertigung von Gewalt und Strafen als Mittel der Konfliktlösung, die Gewaltbereitschaft, die sich meist gegen die Schwächeren, nicht gegen die Stärkeren richtet. Sie dokumentiert sich in Kraftmeierei, zugleich auch in autoritärer Unterwürfigkeit.
- Bekämpfung des Liberalismus als Grundübel. Das führt zu einem autoritären, konventionellen Normenverständnis; abgelehnt wird alles Abweichende, das Andere und Unbekannte schlechthin (das kulturell Fremde, das »Abartige«). Kritik wird schwer ertragen, man hält sich an feste Prinzipien und empfindet Abneigung gegen Phantasie, Innovation, Sensibilität, Zwiespältigkeit.
- Betonung der (Volks)Gemeinschaft im Unterschied

> zur Gesellschaft. Daraus resultiert die Spaltung in »wir« und »die anderen«, auf die Ängste projiziert werden, die Feindbilder darstellen und im Konfliktfall als Sündenböcke herhalten.

Nichtwähler mit aggressiv-apathischem Profil stellen ein Reservoir für die Mobilisierung rechtsradikaler Parteien dar. Wähleranalysen zeigen denn auch, daß – wo immer die neuen Rechtsparteien in letzter Zeit erfolgreich waren – sie dies auch der Mobilisierung von Nichtwählern verdankten.

Motivkreis 2: Saturiertheit/Systemzufriedenheit
Von nahezu entgegengesetzter Mentalität sind jene Wahlberechtigten, die aus Saturiertheit und Zufriedenheit keinen Anlaß zum Wählen sehen. Aber ähnlich wie die Aggressiv-Apathischen haben diese Saturierten eine apolitische Haltung entwickelt, wenn auch aus anderen Gründen: Bleiben die einen der Wahl fern, weil sie nicht dazugehören, so üben die anderen Enthaltsamkeit, weil für sie alles auch ohne ihr Zutun bestens läuft.
Die saturierten Nichtwähler sind mit der eigenen wirtschaftlichen und sozialen Lage zufrieden, sie stimmen mit den Ordnungsprinzipien – Marktwirtschaft und Sozialstaat – im Grundsatz überein. Da sie, überspitzt gesagt, in der besten aller Welten zu leben meinen, sind sie relativ gleichgültig gegenüber öffentlichen Belangen und haben gegenüber Politik und Parteien eine wohlwollende Distanz entwickelt. Die repräsentative Demokratie verbündet sich mit ihren Bedürfnissen, denn sie erlaubt zu delegieren, worum man sich nicht selbst kümmern will.

Im Prinzip identifiziert und einverstanden mit dem System, erlaubt man sich, auf die reguläre Teilnahme an Politik zu verzichten. Man hält sich bewußt vom Politikbetrieb fern, blendet zum Beispiel politische Informationen in der Mediennutzung aus, etwa in Tageszeitungen, Zeitschriften, im Hörfunk und Fernsehen.
Zu vermuten ist, daß die saturierten Nichtwähler dann aufschrecken und sich als verantwortungsbewußte Bürger an die Wahlurne begeben, wenn sie Gefahr für das Ganze wittern, wenn sie das Gefühl haben, auch ihre Stimme ist gefragt, damit nichts schiefläuft. Steht Grundsätzliches zu entscheiden an, sind sie zur Stelle. Stabile Mehrheitsverhältnisse sind oft der Grund, sich nicht zu engagieren. So haben sich schon in den ersten Anfängen der Wahldemokratie regionale Muster der Wahlenthaltung herausgebildet, deren Tradition bis zum heutigen Tag anhält, etwa im süddeutschen Raum. Wo das frühere Mehrheitswahlrecht in den Wahlkreisen einer Partei zu scheinbar unerschütterlicher Vormachtstellung verhalf, erschlaffte alsbald die Lust am Wählen. Anders, wenn das Rennen offen war. Nach diesen Regeln könnten auch die saturierten Nichtwähler handeln.
Die verschiedenen Wahlebenen mit der ihnen zugeschriebenen Bedeutung spielen in diesem Zusammenhang eine ähnliche Rolle. Die Bundestagswahl gilt als der wichtigste Wahlentscheid, gefolgt von den Landtagswahlen und den Kommunalwahlen, und auf der untersten Stufe – bislang wenigstens – der Europawahl. Die Höhe der Wahlbeteiligung entspricht dieser abgestuften Bedeutung. Es gibt offenbar Wahlberechtigte, die nur dann wählen gehen, wenn sie die Entscheidungsebene für

wichtig genug halten. Zu diesem Typus sind wohl die saturierten Nichtwähler zu zählen. Sie könnten den Prototyp der konjunkturellen Nichtwähler bilden, die sich je nach Raum und Zeit, also nur unter bestimmten Umständen, mobilisieren lassen.

Motivkreis 3: Fundamentalopposition
Frühere Nichtwählerstudien hatten bereits herausgefunden, daß ein geringer Teil der Wahlberechtigten grundsätzlich gegen das demokratische Prinzip der Wahl eingestellt ist und Wahlen als Farce betrachtet, die man längst abgeschafft hätte, wären sie tatsächlich geeignet, etwas zu ändern. Da Wahlen in einem systemischen Konsens stattfinden und nicht systemüberwindend sind, stellen Systemgegner prinzipiell den Sinn von Wahlen in Frage.
Diese Randgruppe existiert weiterhin unter den Nichtwählern. Bedeutsamer ist aber inzwischen die Fundamentalopposition. Sie argumentiert aus der Warte einer anderen Politikphilosophie und verwirft die Demokratie nicht nihilistisch als verfehlte Konzeption, wie es die Systemgegner tun, sondern interpretiert den Sinn der Demokratie neu beziehungsweise umfassender.
Basisdemokratie ist das Schlüsselwort, Selbstbestimmung statt Fremdbestimmung die politische Forderung. Entsprechend dieser Logik wird die repräsentative Demokratie als unvollkommen und die parlamentarische Regierungsweise als illegitim abgelehnt. Denn sie sind Instrumente der Fremdbestimmung. In den Augen der Fundamentalopposition hat die repräsentative Demokratie in existentiellen Fragen versagt. Beispiele, die dafür

stehen, sind Umweltprobleme, das Elend der Dritten Welt, die ungerechte Weltwirtschaftsordnung, der labile Frieden beziehungsweise die allgegenwärtigen Kriege. So ist die aus Fundamentalopposition motivierte Wahlenthaltung auch gespeist von politischen Inhalten, von fundamentalistisch gefärbter, zumeist antikapitalistischer Kultur- und Zivilisationskritik.

Eine radikal basisdemokratische Orientierung untermauert die Forderung nach »Do-it-yourself«-Politik. Platz haben hier so unterschiedliche Aktivitäten und Richtungen wie Stadtteilinitiativen, Selbsthilfe- und Spontigruppen, autonome Zirkel und Zentren bis hin zu der Politikphilosophie der Autonomen.

Zu fragen ist, ob die Fundamentaloppositionellen – angesichts der eigenen politischen Wirkungsfelder – noch Geschmack an den Ritualen der Wahl finden können, selbst wenn diese gründlich reformiert und basisdemokratische Elemente stärker als bisher berücksichtigt würden. Die Fundamentaloppositionellen sind allerdings hochgradig politisiert und – trotz der Wahlapathie – politisch überdurchschnittlich engagiert. Daher ist zu vermuten, daß ihre Funktion eher der Hefe im Teig vergleichbar ist. Durch ihre, wenn auch nur marginale Existenz verändert sich der größere Rest, der sich keineswegs mit allem, was die Fundamentaloppositionellen fordern, einverstanden erklärt, aber das übernimmt und sich als Forderung nach Reformen aneignet, was ihm vernünftig erscheint.

Motivkreis 4: Politischer Protest – aus aktuellem Anlaß

Nichtwähler sind in zunehmendem Maße auch Protestwähler, aber heute immer weniger aus bloß diffuser Wut und Frustration, sondern häufig wohlüberlegt, teilweise sogar aus besonderem Verantwortungsbewußtsein, begründet etwa nach dem Motto: »Nichtwähler machen sich mehr Gedanken über die politischen Verhältnisse als Wähler«.

Ihre Wahlenthaltung deuten diese Nichtwähler somit als moralisch ebenbürtigen, wenn nicht gar überlegenen Ausdruck einer demokratischen Gesinnung. Parteien und Politikern möchte man eine Lektion erteilen, quasi ein Moratorium stellen, damit sie sich selbst, ihren Stil, ihr Selbst- und Rollenverständnis, ihre Politik, ändern. Hinzu kommt die programmatische Austauschbarkeit der Parteien, die auf Profil und Trennschärfe zu wenig Wert legen. Dies erzeugt ein Gefühl von Alternativlosigkeit im Wahlakt und Sinnlosigkeit von Wahlentscheidung. Ein Rückzug aus solchen Motiven muß nicht dauerhaft sein. Aber die Vorbehalte, die sich darin gegenüber den Wahlbewerbern äußern, signalisieren einen Substanzverlust der Demokratie, weil er die Legitimation der Stellvertreterpolitik schwächt. Wenn die Partei der Nichtwähler bei einer Wahl die Stimmen der Regierungsparteien überrundet wie mehrfach bei Landtagswahlen in jüngerer Vergangenheit, beruht das Regierungsmandat eben nicht mehr auf mehrheitlichem Konsens. Zur Sicherung der Stabilität wäre dies aber ein demokratisches Erfordernis.

Protest kann die verschiedensten Anlässe haben, die Massenarbeitslosigkeit und das Ausmaß an Sozialabbau, die ungerechten Lebensverhältnisse in Ost und West, der Vorrang von Ökonomie vor Ökologie, aber auch ausbleibende Steuerreformen, die Rentenpolitik, die Gesundheitsreform, die Pflegeversicherung und vieles mehr. Aktuelle Wahlanalysen gehen diesen Konfliktpunkten im einzelnen nach. So entscheidend sie von Fall zu Fall sind – sie interessieren hier weniger. Indem das Grundvertrauen in die gesamte politische Klasse als Interessenvermittler schwindet, hat sich generell die Toleranzschwelle abgesenkt: Auch kleinere Anlässe reichen heute bereits aus, um sich neu zu orientieren. Erst recht Skandale etwa vom Format der Barschel-Affäre in Schleswig-Holstein 1987.

Nichtwähler aus Protest und aktuellem Anlaß waren sicher auch schon früher das Rückgrat der konjunkturellen Nichtwähler. Sie stehen heute aber auch für den neuen Typ der Nichtwähler. Mit ihrer erhöhten Sensibilität geben sie dem Profil der Nichtwähler-Partei neue Konturen, durch ihre große Zahl stärken sie deren Charakter als neue Volkspartei. Die Nichtwähler aus aktuellem Protest können sich inzwischen aber auch für Alternativen entscheiden. Zu Beginn des Wahljahres 1994 erwogen 25 Prozent der Wahlberechtigten die Wahl einer Protestpartei.[18]

Motivkreis 5: Sinnkrise und Distanzierung

Angesichts des historischen Umbruchs, für den das Fortfallen des Ost-West-Gegensatzes mit seinen Folgen steht, haben Nichtwähler in den alten wie den neuen Bundesländern ihre bisherige Orientierung verloren – alles, was bislang als verläßlich galt, ist nun in Frage gestellt.

Die gegenwärtige Politik – im nationalen wie im internationalen Rahmen – wird von manchen als Ausdruck einer tiefgreifenden Sinnkrise moderner Gesellschaften erlebt. Globale Umweltzerstörung, Nord-Süd-Konflikte, neue Kriege und die Hilflosigkeit der Politik, die unfähig ist, darüber einen breiten Diskurs zu führen, vermischen sich zu einem diffusen Gefühl von Widerwillen und Pessimismus. Wählen wird gegenüber den wahren Problemdimensionen als sinnentleerte Handlung empfunden; Wahlenthaltung dagegen hat die Weihen moralischer und intellektueller Distanzierung vom etablierten politischen System und ist ein Akt »passiven Widerstands« angesichts der Unzulänglichkeit aller Parteien, politische Probleme zu lösen, angesichts ihrer fachlichen Inkompetenz und Unprofessionalität.

Im Motivkreis Sinnkrise und Distanzierung begegnen sich wertkonservative Grundeinstellungen wie Humanismus, Verantwortungsethik, Respekt vor der Schöpfung und sozialistische Überzeugungen, für die Internationalismus und Solidarität keine leeren Begriffe sind. Das eigene politische Engagement setzt man lieber woanders ein, nämlich beispielsweise in Umweltgruppen, kirchlichen Aktivitäten, Dritte-Welt-Initiativen. Auch dieser Motivkreis gehört zum Typus der neuen Nichtwähler.

Motivkreis 6: Neues weibliches Selbstbewußtsein

Früher hatten Frauen sich häufiger als Männer der Stimme enthalten, weil sie – durch ihre Rolle in der Gesellschaft – weniger am öffentlichen Leben teilnahmen. Bildungsnachteile schwächten zusätzlich ihr Interesse an Politik, zumindest an jener Politik, die eine Männergesellschaft als solche definiert.

Die Frauenbewegung des vorigen Jahrhunderts erstritt mit der Gleichberechtigung das Frauenwahlrecht, ihre Ideologie förderte Jahrzehnte später die »Emanzipation mit dem Stimmzettel«[19], das heißt die Angleichung des Wahlverhaltens von Frauen und Männern. Damit hatten sich Frauen von der Dominanz alter Bindungen wie Kirche, Konfession, Kinder gelöst und einen selbständigeren Weg zur Politik gefunden.
Die Entwicklung blieb in den siebziger Jahren aber dort nicht stehen. Die aus der Studentenbewegung hervorgegangene Frauenbewegung setzte viel tiefer an, indem sie den bisher gültigen Begriff von Politik, der die Regelung von öffentlichen Angelegenheiten bezeichnete, als unzulänglich zurückwies. Ihre Devise lautete: »Das Private ist politisch und das Politische privat.« Mit diesem neuen Politikbegriff entstand auch ein neues weibliches Politikbewußtsein, und aus der Erfahrung, wie schwer es ist, sich gegen die Männergesellschaft durchzusetzen, leiteten die Frauen die allgemeine Forderung nach Gleichstellung ab.
Was dieser Kampf an Frustration und Enttäuschung erzeugt hat, schlägt sich nun in einem neuen weiblichen Selbstbewußtsein nieder, das Frauen zur Wahlenthaltung veranlaßt. Es koppelt das Partizipationsgebot vom Emanzipationsbegriff ab: Die politische Selbstbestimmung der Frauen soll nicht durch Teilhabe am politischen Willensbildungsprozeß verwirklicht werden, sondern durch bewußten Verzicht auf das Wählen. Statt Emanzipation mit dem Stimmzettel Emanzipation ohne Stimmzettel. Die alte Idee der Lysistrata, der Boykott, als neues Kampfmittel.

Neues weibliches Selbstbewußtsein ist somit eine weitere Facette, die für den neuen Typus des Nichtwählers spricht. Die zunehmende Wahlenthaltung von Frauen, insbesondere der jüngeren, hat natürlich nicht nur diese progressiven Motive, sondern auch viel handfestere: nämlich die dauerhafte Benachteiligung auf dem Arbeitsmarkt (Frauen als Reservearmee), die fehlenden praktischen Angebote, Beruf, Familie und Partnerschaft unter einen Hut zu bringen. Mit anderen Worten: die nach wie vor existierende, in Zeiten der Krise sich wieder verschärfende Rollenverteilung zwischen Frauen und Männern.

Motivkreis 7: Radikaler Individualismus

Verstärkt wird das Lager der Nichtwähler durch einen weiteren neuen Typus, besonders verbreitet unter jungen Leuten. Sie haben zwar ein hohes Problembewußtsein, zum Beispiel in Umweltfragen, aber in ihrer egozentrischen Lebensstrategie entwickeln sie kaum emotionales oder praktisches politisches Engagement. Was sie mehr interessiert, sind die Bedürfnisse und Ansprüche des Selbst und wie sie diese befriedigen. Und zwar möglichst schnell. Unlust zu ertragen ist nicht ihre Sache. Lieber weicht man aus, flüchtet in eine andere Welt, statt sich lange mit einer Sache abzumühen.

Das Handeln wird cool einem rationalen Kosten-Nutzen-Kalkül unterzogen. So stellt man sich die Frage: »Wählen – was bringt mir das?« Wahlpflicht und Wahlnormen steht man verständnislos gegenüber, damit hat man nichts zu tun. Politik behandelt man wie eine Ware, Wählen wie den individuellen Kaufentscheid. Hat das Produkt einen Reiz, dann kauft man es, sonst läßt man es bleiben.

Aus dieser Konsummentalität mit hohem Anspruch an Qualität und Design, bei ausgesprochenem Markenbewußtsein, kann die Einstellung zur Politik und ihren Akteuren nur zynisch ausfallen. Politik ist nicht in, die Figuren sind eher lächerlich. Die Distanz zur Politik scheint bei diesem Typus unendlich, denn keine Emotion, keine Aggression reibt sich an den bestehenden Verhältnissen.

Dieser neue Typus könnte dazu beitragen, daß eine Entwicklung sich weiter vertieft: nämlich die Kluft zwischen den Generationen. Während das Gros der Älteren pflicht- und verantwortungsbewußt die demokratischen Mitwirkungsrechte wahrnimmt, sich allenfalls im hohen Alter durch gesundheitliche Gebrechen davon abhalten läßt, will ein Teil der jungen Menschen Wahldemokratie nicht mehr als eine Verpflichtung zu gemeinsamem Handeln verstehen. Man kann natürlich auch argumentieren, daß – nach vierzig Jahren Demokratie – der Typ des puren Formaldemokraten langsam ausstirbt. Ihm hat stets auch etwas von Untertanenmentalität angehaftet. Wer heute wählen geht, tut es weniger aus Gewohnheit und Konformitätsdruck, sondern eher aus innerer Überzeugung. Er stärkt damit den demokratischen Konsens.

Die ersten drei Motivkreise erinnern an den alten Typus der Nichtwähler, haben damit am meisten Ähnlichkeit. Die Aggressiv-Apathischen, die sich von der Gesellschaft ausgeschlossen fühlen, untermauern die frühere Erkenntnis, daß soziale Unterschichten besonders zur Wahlenthaltung neigen. Sie generalisieren die an sich selbst vermißte Wertschätzung für das gesamte politische System und kompensieren die eigene Schwäche durch

Projektion auf eine starke Führung – ein typisch autoritär geprägtes Verhaltensmuster, das auch in Radikalität und Aggression umschlagen kann. Die Saturierten haben Ähnlichkeit mit den Systemzufriedenen, die sich nicht jederzeit, zum Beispiel nicht bei Landtagswahlen, mobilisieren lassen. Die Fundamentalopposition könnte man zu den Dauer-Nichtwählern rechnen, aber doch mit veränderter Ideologie und gesellschaftlichem Engagement. Die restlichen vier Motivkreise, Protest aus aktuellem Anlaß, Sinnkrise und Distanzierung, neues weibliches Bewußtsein sowie radikaler Individualismus, unterstreichen, was an der Mentalität der Nichtwähler heute neu ist. Daß sich diese Motivkreise auch überschneiden können, liegt auf der Hand.

Nichtwähler sind also nach sozialer Struktur und ihren Motiven alles andere als ein einheitlicher Block. Keineswegs ziehen sich alle Nichtwähler zurück, weil sie von der Politik nichts wissen wollen. Gleichwohl gilt für die meisten, daß sie von der Politik nicht viel halten, so unterschiedlich sich das auch zeigen mag. Neben dem alten Gefühl von Ohnmacht, Einflußlosigkeit und Resignation stehen neue, ganz entgegengesetzte Motive: Nichtwählen ist auch eine Wahl, ist eine Waffe in der Auseinandersetzung zwischen Wählern und Gewählten.

3 Der Oppositionseffekt – ein systematischer Zusammenhang zwischen Mobilisierung und Enthaltung

Daß Nichtwähler Macht ausüben – gleichgültig, ob sie dies subjektiv so empfinden, ob sie dies beabsichtigen oder nicht –, ist keine neue Erscheinung, auch keineswegs Resultat ihres veränderten Bewußtseins oder eines gewandelten Profils. Die Nichtwähler tun dies, seit Wahlen in der Bundesrepublik abgehalten werden. Wählen oder Wahlenthaltung mag eine individuell begründete Entscheidung sein, sie hat aber systemische Effekte, die der Kontrolle des einzelnen entzogen sind.
Das Wechselspiel von Mobilisierung und Wahlenthaltung hat in Westdeutschland ein Stück Wahlgeschichte geschrieben. Alle bisherigen Machtwechsel in Bonn sind von dieser Dialektik getragen worden. »Die wesentlichen Veränderungen der politischen Verhältnisse in der Bundesrepublik werden nicht durch die Wähler bewirkt, die die Partei wechseln, sondern durch die ›Partei der Nichtwähler‹.« Diese These stellte der Wahlforscher Klaus Liepelt bereits 1968 auf.[20]

Wahlen erster und Wahlen zweiter Ordnung

Wählen oder Nichtwählen hängt bekanntlich von der politischen Ebene ab, die zur Abstimmung steht. Die

Schar der Nichtwähler ist besonders klein bei Bundestagswahlen, sie ist größer bei Landtagswahlen, beträchtlicher noch bei Kommunalwahlen und zahlenmäßig am stärksten bei Europawahlen. Obwohl das Lager der Nichtwähler keine feste Größe ist, sondern ständig im Fluß, obwohl die Zahlen von Mal zu Mal ganz ordentlich schwanken und langfristig sogar gestiegen sind, hat sich – bis heute wenigstens – nichts wesentlich an dieser Rangordnung in der Wahlbeteiligung zwischen den Wahlebenen geändert. Sie rührt daher, daß den einzelnen Wahlebenen unterschiedliche Bedeutung zugeschrieben wird. Mit der Folge: Es gibt Wahlen erster und zweiter Ordnung.

Bundestagswahlen gelten als Richtungswahlen, die das Schicksal der ganzen Nation beeinflussen, da möchten die meisten mitbestimmen. Was bei einer Europawahl zu entscheiden ist, bleibt dagegen im dunkeln. Es geht weder um die Bestätigung oder Abwahl einer Regierung noch um die Stärkung einer Opposition. Auch bildet das zu wählende Parlament kein ernstzunehmendes Gegengewicht zu dem Europäischen Rat in Brüssel. Europawahlen gelten daher als klassische Nebenwahlen, als Wahlen zweiter Ordnung. Die Wahlbeteiligung ist gering, die Gelegenheit, mal mit der Stimme zu experimentieren oder auch zu protestieren, ist verlockend. Europawahlen waren daher auch das Sprungbrett für kleine Parteien, Anfang der achtziger Jahre für die Grünen, später auch für die rechtsradikalen Republikaner.

Ob es sich um eine Wahl erster oder zweiter Ordnung dreht, hängt wesentlich von der Wahlebene ab, aber auch von dem Mobilisierungsklima, das die Parteien vor einer

Wahl durch ihre Kampagnen erzeugen. So sind Landtags- oder auch Gemeindewahlen nicht automatisch Nebenwahlen. Je nach polarisierendem Konflikt und wie heiß es im Wahlkampf hergeht, können auch Regionalwahlen eine große Zahl von Wahlberechtigten zum Urnengang bewegen. Das Thema Europa muß ebenfalls nicht einschläfern. Je mehr der Zorn auf die Brüsseler Bürokraten wächst, je mehr sich, wie gegenwärtig zu beobachten, die Skepsis gegen die europäische Einigung und ihre Folgen verbreitet, desto höher können auch die Wogen der Mobilisierung schlagen.

In jedem Fall erfüllen aber Nebenwahlen eine dialektische Funktion, indem sie zwischen hochmotivierten und eher gleichgültigen Wahlberechtigten sortieren und hauptsächlich die engagiertere Seite mobilisieren. Mit anderen Worten: Nebenwahlen verändern die Zusammensetzung der Wählerschaft und bringen damit unterschiedliche Kräfte ins Spiel mit dem weitreichenden Ergebnis: Sie fördern oppositionelle Tendenzen. In der Vergangenheit bereiteten sie den Machtwechsel auf Bundesebene vor.

Der Oppositionseffekt

Die um fünf bis zehn Prozent niedrigere Wahlbeteiligung bei Landtags- im Vergleich zu Bundestagswahlen nützte früher stets jener Partei, die in Bonn in Opposition war. Addiert man alle Landtagswahlen einer Wahlperiode zusammen und vergleicht sie mit dem Resultat der darauffolgenden Bundestagswahl, so blieb die Wählerzahl der

Stimmenentwicklung bei Bundestags- und Landtagswahlen 1949 — 1990
(Westdeutschland ohne West-Berlin)
— Absolute Zahlen —

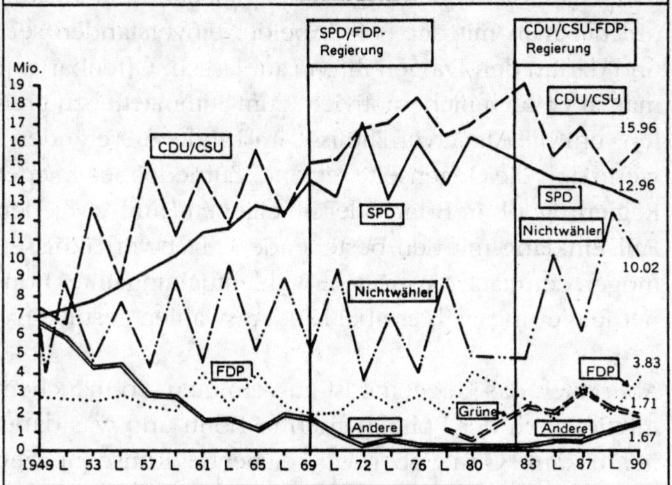

L = Summe aller Landtagswahlen zwischen den Bundestagswahlen

Quellen: infas-Berechnungen aufgrund der amtlichen Wahlstatistik; 1990: Bundeswahlleiter, vorläufiges amtliches Endergebnis

Bonner Oppositionspartei vom Auf und Ab der schwankenden Nichtwählerkurve unberührt. Sie konnte sogar über den Umweg der Landtagswahlen, den »Marsch durch die Provinz«, ihre Position stufenweise für den jeweiligen Machtwechsel in Bonn ausbauen. Umgekehrt ging die Zahl der Bonner Regierungswähler bei Landtagswahlen stets stark zurück, um danach bei Bundestagswahlen erneut wieder anzusteigen. Daraus entstand ein charakteristisches, gegenläufiges Zick-Zack von Nichtwähler- und Regierungswählerkurve.

Die Motive des Regierungslagers, sich bei den Landtagswahlen der Stimme zu enthalten, mögen durchaus zwiespältig gewesen sein. Sofern in Bonn wie in der Landeshauptstadt die Regierung von der gleichen Couleur war, mochte man mit der Politik beider einverstanden sein und darum den Dingen ihren Lauf lassen. Offenbar war man aber auch nicht motiviert, zum Stimmzettel zu greifen, um die Machtverhältnisse im Lande zu verändern, wenn dort die Gegenseite regierte. Zufriedenheit mit der Regierung, ob in Bonn oder im eigenen Land, auf jeden Fall Einklang mit den bestehenden Machtverhältnissen mögen demnach die größere Wahlenthaltung unter Bonner Regierungswählern bei Landtagswahlen gestützt haben.

Aber auch das Gegenteil ist zu vermuten. So manchem mißfiel auch der Politikbetrieb in Bonn und was dabei herauskam. Ohne aber weitreichende Konsequenzen aus der Enttäuschung über das Bonner Regierungsgeschäft zu ziehen und beim Landesentscheid illoyal abzuwandern, blieb man einfach zu Hause. Umgekehrt waren Anhänger der Bonner Opposition offenbar hochgradig motiviert, bei jeder sich bietenden Gelegenheit Flagge zu zeigen und für die eigene Seite per Stimmzettel einzutreten. Im Endeffekt wurde durch diese gegensätzliche Motivation der Wahlentscheidung in der Serie der Landtagswahlen stets das Bonner Regierungslager geschwächt und im Gegenzug die Opposition gestärkt.

Dieser Mechanismus, der sogenannte Oppositionseffekt, in anderen westlichen Wahldemokratien auch zu beobachten und dort gelegentlich als »mid-term«-Effekt bezeichnet, funktionierte über Jahrzehnte ganz lehrbuchmäßig, und zwar unabhängig davon, wer gerade in Bonn am Ruder war oder auf der Oppositionsbank saß. Er war

der Hebel für den Machtwechsel in Bonn, häufiger aber auch im Land selbst. Nun hat sich das Kurvenbild verändert und signalisiert, daß der Oppositionseffekt nicht mehr automatisch nur zwischen den beiden großen Volksparteien abläuft. Er ist zwar nach wie vor Hebel für Veränderung, aber jetzt in Richtung Pluralisierung des Parteiensystems. Nach langer Phase der Konzentration – etwa bis in die Mitte der siebziger Jahre – auf zweieinhalb Parteien, Union, SPD und FDP, fächert sich die Parteienlandschaft nun auf. Manche sprechen inzwischen schon von einem »Fünf-plus«-Parteiensystem und meinen damit natürlich zunächst die Grünen, aber auch die Rechtsparteien, die PDS als Regionalpartei im Osten und die neuen Protestparteien der Mitte, Wählergruppierungen wie etwa die STATT Partei. Anstelle der klassischen Opposition verbuchen nun die kleinen und die Protestparteien den Oppositionseffekt auf ihrem Konto.
Es blieb wohl beim gegenläufigen Zick-Zack von Regierungs- und Nichtwählern, inzwischen verlieren aber beide großen Volksparteien absolut an Stimmen. Zur SPD als größter Oppositionspartei geht man ebenso auf Distanz wie zur regierenden CDU/CSU. Beiden Volksparteien laufen die Wähler weg. Christdemokraten und Sozialdemokraten bewegen sich in einem Korridor um die 35 Prozent mit der Notwendigkeit, sich auch auf neue Koalitionsmodelle längerfristig einzurichten. Die Protestparteien und die Nichtwähler sind die Profiteure der Entwicklung. Innerhalb von zehn Jahren verdoppelte sich die Nichtwählerzahl von fünf auf über zehn Millionen.
Wer mehr durch die wachsende Zahl der Nichtwähler

bedroht ist, ob Union oder SPD oder beide gleichermaßen, läßt sich nicht pauschal entscheiden. Die Bonner Regierungsparteien haben natürlich mehr zu verteidigen als eine Opposition. Da ist schon von großer Bedeutung, wenn gerade Regierungsanhänger, im Osten noch mehr als im Westen, besonders verunsichert sind und sich nicht, wie es der bisherigen Regel entspräche, zum Bundestagswahltermin voll mobilisieren ließen.

Nach wie vor käme es darauf an, wie kampagnefähig die beiden Volksparteien sind, etwa mit Themen wie Arbeitsplatzsicherung oder Standort Deutschland. Sollte die Wahlbeteiligung weiter zurückgehen, wären die Opfer in jedem Fall die Volksparteien; alle kleinen Parteien, auch die rechtsradikalen würden davon profitieren, da sie wegen ihrer entschlosseneren Wählerschaft nicht so stark auf Massenmobilisierung angewiesen sind.

Der Zulauf zum Lager der Nichtwähler steht also in direktem Zusammenhang mit dem Zustand der beiden Volksparteien und dem Grad allgemeiner Parteienverdrossenheit. Die Konjunktur der Nichtwähler-Partei ist somit Ausdruck der Krise und zugleich des Umbruchs im Parteiensystem. Nichtwähler haben an diesem Wandel einen entscheidenden Anteil.

Machtwechsel durch Wahlen

Die Serie zeitlich und regional gestaffelter Wahlen, die zu der beschriebenen Dialektik zwischen Bundestags- und Landtagswahlen führte, hat im Laufe der Vergangenheit zwar Machtwechsel vorbereitet, möglicherweise zugleich aber auch verzögert. Denn die Regionalwahlen erlangten in diesem Zusammenspiel ungewollt auch den Charakter von Protestwahlen, die einen Teil der politischen Unzufriedenheit quasi auf die »falschen Mühlen« lenkte: statt nach Bonn in die Landeshauptstadt und dort auf die jeweilige Landesorganisation der im Bund regierenden Parteien. In Landtagswahlen entlud sich der politische Druck und verbrauchte sich, noch bevor es zur Machtprobe in einem Bundestagswahlkampf kommen konnte. Machtwechsel durch Wahlen, also der demokratische Wechsel zwischen Regierung und Opposition, wurde dadurch eher behindert als gefördert.

Natürlich spielten noch eine Vielzahl anderer Faktoren eine maßgebliche Rolle, warum in Bonn bisher noch nie eine neue Regierung durch Wahlen, sondern nur durch Koalitionsbildung und -wechsel an die Macht kam. Innerhalb von fast 45 Jahren gab es nur drei Zäsuren: die Große Koalition 1966, die sozialliberale Koalition 1969, die christlich-liberale Wende 1982. Als Faktoren, die einen Machtwechsel verhinderten, sind etwa zu nennen: das Wahlrecht mit der Fünf-Prozent-Hürde, das zur Konzentration auf Union, SPD und FDP führte; weiter wirkte sich das lange Zeit strukturelle Übergewicht von CDU/CSU in der gesamten Wählerschaft aus, auch die länderweise ungleich verteilten Schwerpunkte der großen Parteien, die Union im Süden, die SPD eher in der Mitte und im Norden; Folgen hatte auch die Entwicklung zu einer »Kanzlerdemokratie«, ebenso die Handlungsspielräume, die eine Regierung beim Festsetzen der politischen Tagesordnung hat. Nicht zuletzt große Bedeutung hatte wahrscheinlich auch das Stabilitätsdenken der Deutschen, die viele Jahre lang Konrad Adenauers Devise »Keine Experimente« stillschweigend gefolgt sind, bis der Wertewandel diese Mentalität allmählich aufgeweicht hat.

In diesem Stück unvollkommener demokratischer Geschichte hatte die FDP immer mehr die Sonderrolle nicht bloß des liberalen Korrektivs, sondern vor allem des Mehrheitsbeschaffers übernommen.

So suspekt sie den einen, so lieb sie den anderen wurde, so fragwürdig ist aber auch eine kollektive Erfahrung, wenn statt Wählerwille stets eine Koalitionsentscheidung die politischen Mehrheitsverhältnisse definiert, wenn direkter Wählereinfluß ohnmächtig bleibt. Daß nicht durch Wahlen, sondern nur durch Parteien der Gang der Welt beeinflußt wird, kann eigentlich nicht das Vertrauen in die Souveränität des mündigen Wahlbürgers gestärkt haben.

Wie weit dies den Trend in die Wahlenthaltung gefördert hat, läßt sich kaum abschätzen. Kein Wunder aber, wenn heute mehr Parteienvielfalt gewünscht wird, und, nach einer Befragung der Forschungsgruppe Wahlen, 30 Prozent es gerne sähen, wenn es eine oder mehr neue Parteien gäbe.[21]

In jedem Fall hat sich gezeigt: Die Nichtwähler haben mitgewirkt, daß eine Konzentration auf zweieinhalb Parteien stattfand, heute beeinflussen sie auch die Gegenentwicklung der stärkeren Auffächerung der Parteienlandschaft. Ein Machtwechsel durch Wahlen wird wahrscheinlicher als in der Vergangenheit.

4 Die gespaltene Nation

»Die deutsche Vereinigung hat zwei Gesellschaften aneinander gekoppelt, die sich vierzig Jahre lang antagonistisch zueinander entwickelt haben. Mit der Übernahme von verwaltungstechnischen Regelungen und Parteienstrukturen im Osten ist noch lange keine ›Akkulturation‹ erreicht.«[22] Diese Diagnose und Prognose in einem stellte der Soziologe Konrad Schacht kurz nach der ersten gesamtdeutschen Wahl.

Als die Wahlresultate am 2. Dezember 1990 ausgezählt worden waren, machte sich bald Ernüchterung, Enttäuschung und Trauer breit. Die Euphorie der Menschen in Ost und West – sie hatte mit der Flucht von DDR-Bürgern über westdeutsche Botschaften in Prag, Budapest, Warschau und Ostberlin begonnen, bei der Öffnung und dem Fall der Mauer einen Höhepunkt erlangt und noch Monate danach als hohe emotionale Mobilisierung angehalten – war am Ende des Einheitsjahres aufgezehrt. Nur 78,5 Prozent der Westdeutschen hatten den Weg zur Wahlurne gefunden, so viel wie sonst bei Landtagswahlen üblich. Die Wahlbeteiligung war um 5,9 Punkte zurückgegangen und unterbot damit das historische Tief von 1987 beträchtlich. Noch enttäuschender war die Bilanz in Ostdeutschland. Bei der ersten freien Volkskammerwahl im März 1990 war die Mobilisierung mit 93,6 Prozent fast vollständig gelungen. Wer die Stimmabgabe versäumt hatte, mußte wahrscheinlich zu den »unechten« Nichtwählern gerechnet werden. Binnen sieben Monaten war jedoch vielen DDR-Bürgern die Lust an der freien Wahl vergangen. Nur noch 74,7 Prozent Wähler zählte die Statistik.

Die Architekten der deutschen Einheit, Kohl und die Union, Genscher und die FDP, wurden eindrucksvoll bestätigt, aber die erste gesamtdeutsche Wahl ließ gesamtdeutsches Engagement vermissen und schwächte den demokratischen Konsens über eine Entscheidung, die die politischen Weichen der Nachkriegszeit neu stellte. Die allermeisten hatten die Einheit begrüßt (92 Prozent)[23], ohne zu ahnen, was sie später an ihr zu leiden hätten.

Unterschiede im Wahlverhalten

Der Import des westdeutschen Parteiensystems in die DDR, der die dort existierenden Parteien aufschluckte, hatte suggeriert, die Ostdeutschen hätten sich einfach mit dem Neuen identifiziert oder sich zumindest darin eingerichtet. Tatsächlich aber zeigen die Wahlanalysen, daß die neuen Bundesbürger trotz Übernahme des Grundgesetzes und freiem Wettbewerb der Parteien nach westdeutschem Muster einen eigenen Weg gehen.

In der ersten frei gewählten Volkskammer hatten noch Vertreter von neun Gruppierungen gesessen. Von den 400 Mandaten waren außerdem vier auf sonstige Parteien entfallen. Die Allianz für Deutschland setzte sich zusammen aus der CDU als früherer Blockpartei sowie aus den

Neugründungen Demokratischer Aufbruch DA und Deutsche Soziale Union DSU. Weiter saß in der Volkskammer der Bund Freier Demokraten, bestehend aus der früheren Blockpartei LDP, der neugegründeten FDP und der deutschen Forum-Partei. Als alte Blockpartei war auch die Demokratische Bauern-Partei Deutschlands DBD vertreten, außerdem die PDS als Nachfolgepartei der SED. Die anderen Parteien waren als neu gegründete Oppositionsgruppen in das Parlament gelangt: die SPD mit der Vorläuferin SDP; die Grüne Partei für Umweltschutz, Basisdemokratie, Gewaltfreiheit und Solidarität mit dem Unabhängigen Frauenverband UFV sowie Bündnis 90, ein Zusammenschluß von drei Bürgerbewegungen: Neues Forum, Demokratie Jetzt, Initiative für Frieden und Menschenrechte. Diese Parteienvielfalt schmolz durch die Vereinigung mit den westdeutschen Schwesterparteien zusammen auf CDU, FDP, Bündnis 90/ Die Grünen und schmälerte die Auswahl unter den Parteien, die eine DDR-Identität und -Geschichte hatten. Der jungen Demokratie gingen damit Artikulationsmöglichkeiten verloren. Als einzige DDR-Originale blieben die DSU und PDS übrig.
Trotz dieser Parteienvereinigung unterscheidet sich Ostdeutschland vom Westen insbesondere in drei Perspektiven: im Grad der Parteibindung, in der sozialen Basis der Parteien und in der Auffächerung der Parteienlandschaft.

Grad der Parteibindung
Nur knapp zwei Fünftel der ostdeutschen Wahlberechtigten hat sich nach eigenem Bekunden stabil an Parteien

gebunden, im Westen ist es immerhin noch jeder zweite. Stabile Bindung heißt in diesem Zusammenhang: Man sympathisiert nicht nur mit der bevorzugten Partei oder betrachtet sie im Augenblick als das kleinste Übel, sondern bekennt sich auch dazu als überzeugter Anhänger, ohne andere Alternativen oder einen Wechsel zu erwägen. Solche starken Gefühle der Zugehörigkeit sind oft durch verwandte Bindungen abgestützt. In der alten Bundesrepublik helfen Kirche und Gewerkschaften mit ihren Weltanschauungen bei einer solchen Orientierung und stabilisieren noch heute Stammwähler von Union beziehungsweise SPD.

Im Osten haben diese Vorfeldorganisationen eine ganz andere Stellung inne. Die Kirche war Schutzort für die Oppositions- und Bürgerbewegungen schon zu SED-Zeiten. Sie blieb den Initiatoren des Umbruchs, den bürgerlichen Reformern, die von einer geläuterten DDR träumten, auch später nah. In Gestalt des FDGB hatten die Gewerkschaften dagegen über Jahrzehnte das Primat der Politik anerkannt und galten daher als verlängerter Arm der SED, der zu Recht zusammen mit dem alten Regime untergegangen ist.

Soziale Basis der Parteien

Im Unterschied zu Westdeutschland hatten CDU und FDP Stimmen aus einem ihnen wesensfremden Milieu mobilisiert, nämlich große Teile der industriell arbeitenden Bevölkerung. Zu vermuten war, daß ein Motiv für diese ungewöhnliche Orientierung in der Hoffnung auf raschen wirtschaftlichen Anschluß lag, den man sich eher von den Bonner Regierungsparteien als von der SPD-

Opposition versprechen konnte – ein Plebiszit für einen konservativen Modernisierungskurs. Umgekehrt war es der SPD nicht gelungen, in besonderen sozialen Gruppen Fuß zu fassen. In der DDR mit ihrer klassenlosen Vergangenheit konnte sich die SPD ideologisch nicht auf die Traditionen und das Gedankengut der Arbeiter- und Gewerkschaftsbewegung berufen. Als Bruderbewegung waren beide im übrigen durch die Geschichte gründlich diskreditiert worden. Daß der zentralistische Sozialismus ein solches Ende genommen hatte, löste in der Folge in Westdeutschland, aber auch in ganz Europa, eine Identitätskrise in allen sozialistischen Parteien aus.

Auch die Grünen Ost und West hatten weniger gemeinsame soziale Wurzeln als gedacht. Während sie im Westen die Protestpartei der jungen, gut ausgebildeten Schichten mit alternativer Lebensphilosophie darstellten, war ihr Profil im Osten weniger scharf. Davon zeugt der lange Streit über die Vereinigung von Grünen und Bündnis 90, der auch nicht überall zu einer gemeinsamen Partei führte. Auch innerhalb der vereinten Partei Bündnis 90 / Die Grünen nimmt man eine deutliche Trennungslinie wahr zwischen den pragmatischeren Ostdeutschen auf der Linie von Bündnis 90 und den stärker ideologisierten westdeutschen Grünen.

Die Wählerstrukturen in westlichen Demokratien sind gründlich erforscht. Das Zusammenwirken von sozialem Status, Konfession und Organisationsmilieu ist seit langem bekannt. Nach einer Wahl interessiert daher meist nicht so sehr, wer wie gewählt hat, sondern in erster Linie: Wo hat sich an den bestehenden Strukturen etwas geändert? Diese Betrachtungsweise ist im nun erforderlichen

Ost-West-Vergleich nicht mehr ausreichend. Denn für die Wahlen auf dem Gebiet der ehemaligen DDR wollen die bundesdeutschen Erklärungsraster – Kirchgang, Gewerkschaftsmitgliedschaft, wirtschaftliche Lage, sozialer Aufstieg, Lebensstile, Wertewandel – nicht passen.

Die politische Landschaft in der DDR konstituierte sich nicht wie im Westen nach der Sozialstruktur und den dahinterliegenden Gesellschaftskonflikten, vielmehr nach einem einzigen besonderen Umstand: dem Plebiszit über die deutsche Einheit bei der Volkskammerwahl im März 1990. Als rational und instrumentell hat man daher das Wahlverhalten der DDR-Bürger charakterisiert – die Stimmabgabe als ein Vehikel, ein politisches Ziel zu erreichen. Das heißt in ganzer Tragweite: Entscheidungen werden je nach Situation neu und flexibel getroffen; Enttäuschungen führen, ungepuffert und ungefiltert durch Rücksicht auf Bindungen an das traditionelle Milieu, zu politischer Neuorientierung. Das Modell des vollkommen individualistisch entscheidenden Wählers schimmert hier durch. Zugleich kann man sich aber auch fragen, ob nicht dahinter alles andere als individuell eher kollektive Wünsche und Erfahrungen standen, nämlich die einer Mangelgesellschaft mit Sehnsucht nach gleichem Wohlstand wie im Westen. Nach vier Jahren Erfahrung mit der deutschen Einheit könnte es erneut ein Plebiszit geben: nicht über die Frage der Einheit, sondern was daraus geworden ist.

Das Plebiszit vom März 1990 hat gleichwohl im Osten politische Strukturen geschaffen, die nun beweisen müssen, wie stabil sie unter dem Einheitsstreß bleiben. Der gesamte Süden der DDR zwischen Erfurt und Dresden –

Ergebnis der Volkskammerwahl 1990
(Angaben in Prozent)

	Wahl-beteiligung	*Allianz CDU*	*CSU*	*DA*	*SPD*	*PDS*	*FDP*	*Bündnis 90 / Die Grünen*	*Andere**
Mecklenburg	92,9	36,3	2,4	0,6	23,4	22,8	3,6	4,4	6,5
Brandenburg	93,5	33,0	3,4	0,8	30,3	18,5	4,7	5,5	3,8
Sachsen-Anhalt	93,6	45,0	2,6	0,6	23,2	14,0	7,5	4,0	3,1
Sachsen	93,5	43,3	13,3	0,9	14,9	13,6	5,7	4,8	3,5
Thüringen	94,4	52,5	5,8	1,6	17,6	11,4	4,6	4,1	2,4
Berlin	90,7	18,4	2,2	1,0	34,9	30,0	3,0	9,0	1,5
DDR	93,4	40,8	6,3	0,9	21,9	16,4	5,3	4,9	3,5

* DBD, NDPD, VL und sonstige Parteien.

Quelle: infas Politogramm, DDR 1990, Wahl der Volkskammer der DDR am 18. März 1990.

zu Zeiten des Kaiserreichs und der Weimarer Republik eher die Domäne der Sozialdemokratie – fiel mit Anteilen von über 60 Prozent an die Allianz für Deutschland mit Vormachtstellung der CDU. Weiter nördlich über Sachsen-Anhalt bis nach Mecklenburg-Vorpommern nahm deren Gewicht etwas ab, es blieb aber immer noch dominant (zwischen 40 und 60 Prozent). Nur im weiten Gürtel um Berlin, markiert durch die früheren Bezirke Neubrandenburg, Potsdam und Frankfurt, bekam die Allianz durchgehend weniger als 40 Prozent. Lediglich 18,4 Prozent betrug ihr Anteil in Ostberlin. SPD und PDS legten hier, die Freien Demokraten in Sachsen-Anhalt den Grundstein für ihre Wählerbasis. Außer in Berlin und den größeren Städten konnten die Parteien und Listen der Bürgerbewegungen, die alte Opposition und Initiatoren der Revolution, nirgendwo größere Anteile gewinnen. Die Früchte ihres Kampfes ernteten andere.

Auffächerung der Parteienlandschaft

Eine weitere Besonderheit trennt Ost und West. Während im Westen nur SPD und Grüne um das Wählerspektrum links der Mitte konkurrieren, treten im Osten SPD, PDS, Grüne und Bürgerparteien mit durchaus reellen Chancen gegeneinander an.

Die ersten Wahlen seit dem Einheitsjahr 1990 auf dem Gebiet der ehemaligen DDR, die Kommunalwahl in Brandenburg im Dezember 1993, spiegelte den erfolgreichen Wettbewerb dieser Kräfte gegen die Bonner Regierungsparteien wider. Nach vier Jahren Erfahrung mit der deutschen Einheit entpuppten sich SPD und PDS als die Gewinner. Die PDS festigte sich als die Regionalpartei des

Ostens, die als einzige auf uneingeschränkte, konzessionslose Ost-Identität setzen und daher auch als soziale und emotionale Protestpartei der Einheitsverlierer dienen kann. Bei gesunkener Wahlbeteiligung war ihr Anteil gegenüber 1990 deutlich gestiegen, in absoluten Zahlen hatte sich ihr Wählerstamm allerdings kaum verändert – ein Hinweis darauf, daß die PDS einen festen Kristallisationspunkt besitzt. Im Westen tendieren ihre Chancen eher gegen Null.

Hier machen sich unterdessen andere Strömungen bemerkbar, die die Wählerlandschaft ebenfalls zersplittern, aber auf andere Weise. Wählerprotest radikalisiert sich hier stärker nach rechtsaußen, aber inzwischen rumort es auch in der Mitte mit neuen Parteien und Wählervereinigungen wie der STATT Partei. Halten diese Tendenzen unvermindert an, entwickeln sich Ost und West weiter auseinander, verfestigen sich in der deutschen Einheit zwei unterschiedliche politische Kulturen diesseits und jenseits der alten Grenze.

Unterschiede im Geschichtsbewußtsein

Die Spaltung der Deutschen in Ost und West über die Dauer von zwei Generationen hat zu unterschiedlichen Mentalitäten geführt – trotz des gemeinsamen Erbes, von dem aus die beiden deutschen Staaten nach Nazi-Herrschaft und verlorenem Krieg ihren jeweils eigenen Weg nahmen.

In allen Bereichen, in Ausbildung, Beruf, Wirtschaft, öffentlichem und privatem Leben, galten unterschiedliche

Maßstäbe, und die Notwendigkeit, sich an konträre politische und gesellschaftliche Systeme anzupassen, hinterließ Spuren in Gewohnheit und Bewußtsein und schaffte Identität. Menschen mit DDR- oder BRD-Erfahrung haben nicht das gleiche gelernt oder erlebt, haben unterschiedliche Biographien und Identitäten. Sie sind sich daher im Prinzip fremd. Dieses Bewußtsein der eigenen oder auch kollektiven Geschichte ist stets mit dabei, wenn es um neue Erfahrungen geht, die Lage neu interpretiert und eingeordnet werden muß. So hat der massive Umbruch durch die Wiedervereinigung alle Deutschen mit ungeahnten neuen Herausforderungen konfrontiert, sie zugleich aber auch an ihre Geschichte erinnert.

Die Art, wie man sich mit der Geschichte auseinandersetzt, kann sehr unterschiedlich sein: existentiell, emotional oder intellektuell. Wenn die eigene Lebenslage betroffen ist, das Alltagsleben und das öffentliche Leben umgekrempelt wird, nimmt die Auseinandersetzung mit der Geschichte eher existentiellen Charakter im Sinne eines Überlebenskampfes an. Wird in der Konfrontation mit der Geschichte das Selbstkonzept einer Person in Frage gestellt, ihr bisheriges Selbstbewußtsein verunsichert und zwingt dies zu einer neuen Deutung der eigenen Lage, sind stärker die Emotionen beteiligt und ist das seelische Gleichgewicht betroffen. Wer aus Neugier oder Interesse die Geschichte aufrollt, wahrt intellektuelle Distanz, die nicht gleichgültig ist.

Verdrängen, verklären und leugnen, so hat man den unangemessenen Umgang der Deutschen mit ihrer Nazi-Geschichte charakterisiert. Eine Typologie von fünf Verarbeitungsmustern hat der Politologe Werner Weidenfeld bei den Westdeutschen festgestellt.[24] Verdrängung (23,4 Prozent), Verklärung (14 Prozent) und Leugnen (21,4 Prozent) addierten sich zu einer Mehrheit. Der Rest setzte sich eher verantwortungsbewußt (22,1 Prozent) oder geschichtspessimistisch (17 Prozent) mit der deutschen Vergangenheit auseinander. Zur Zeit kann man einen erneuten Schub an Verdrängung und Verschiebung beobachten. Er läuft auf die entlastende Formel hinaus: Die Ostdeutschen haben eine stalinistische Vergangenheit, die Westdeutschen dank Umerziehung durch die alliierten Siegermächte eine demokratische Geschichte. Vergangenheit ist das Dunkle, nicht Aufgearbeitete, nicht Bewältigte, Ungesagte. Geschichte kann man vorzeigen und erzählen.

In dieser Hinsicht haftet den Ostdeutschen das Thema Vergangenheit an, nicht den Westdeutschen; es bedeutet für sie indessen etwas anderes als für die Westdeutschen. Von seiner Gründung als Volksdemokratie an berief sich der unter sowjetischem Einfluß stehende SED-Staat auf eine antifaschistische Widerstandskultur. Im Selbstverständnis seiner Gründer, aber auch der Bürger, war der DDR-Staat von Anfang an der bessere, der moralischere, der demokratischere Staat im Vergleich zur Bonner Republik, selbst wenn sich daran die Zweifel im Lauf der Jahre mehrten. Das Geschichtsbewußtsein der Ostdeutschen setzt eigentlich erst mit der Wende 1989 ein, die das bisherige Selbstverständnis erschüttert und durch den Gang der Ereignisse in Frage stellt.

Die DDR-Bürger sind nun Repräsentanten eines unterlegenen sozialistischen Politikexperiments, das ökonomisch, ökologisch und sozial versagt hat. Sie erkennen, daß sie eine Vergangenheit haben. Wie die Westdeutschen nach 1945 finden sich die Ostdeutschen mit einem Mal auf der Seite jener, die man anschuldigt, sie hätten ein totalitäres Regime durch ihr stillschweigendes Einverständnis toleriert, hätten sich gefallen lassen, daß man sie bespitzelt, einschüchtert und terrorisiert, und die meisten hätten dabei auch noch aktiv mitgemacht. Alles sei heruntergewirtschaftet, die wahren Dimensionen wären erst nach und nach ans Tageslicht gedrungen; die Erblast käme nun alle teuer zu stehen und sei Ursache für die gegenwärtigen wirschaftlichen Schwierigkeiten. Schuld und Versagen des Regimes bedeuten mithin auch persönlich Schuld und Versagen. Unter solchen Bedingungen fällt es schwer, die Geschichte intellektuell-distanziert aufzuarbeiten. Kollektives politisches Versagen wird in die private Sphäre verschoben und entwertet das bisherige Leben. Die Psychoanalyse kennt eigentlich eher den umgekehrten Mechanismus, die Projektion privater Schwierigkeiten und Mißerfolge in das Politische. Eigene, oft mit Angst besetzte Inkompetenzgefühle werden als ein allgemeines politisches Versagen vor der gesamten Problemfülle empfunden, die eigene Misere als ein Übel der ganzen Welt gedeutet, die eigene Ohnmacht auf eine Übermacht allgemein wirkender dunkler Kräfte zurückgeführt. Die Politik hat zu verantworten, was zu bewältigen man sich selbst nicht imstande sieht.

Unter den Ostdeutschen hat sich eine gemischte Gefühlslage ausgebreitet. Sie schwankt zwischen Minderwertigkeitskomplexen als Menschen zweiter Klasse, die in ihrer Mehrheit durch das stalinistische SED-Regime neurotisiert und deformiert wurden[25], und dem Ressentiment, wie übel die Westdeutschen, die schließlich das DDR-Regime offiziell anerkannt hatten, den Brüdern und Schwestern im Osten mitgespielt haben. Die selbstbewußten Stimmen sind eher rar, wie etwa die von Marianne Birthler vom Bündnis 90 / Die Grünen, die sich zur DDR-Identität bekennt, eigenes Versagen aber nicht leugnet, vielmehr dessen Ursachen analysiert.

Nicht lange nach Vollzug der deutschen Einheit hatten sich die Ost-West-Vorurteile schon herausgebildet. Ein Drittel der Westdeutschen pflichtete der Aussage bei, die Bürger der ehemaligen DDR würden noch für geraume Zeit Bürger zweiter Klasse bleiben. In der Selbstbeurteilung gingen die Ostdeutschen noch viel weiter. 75 Prozent fanden diese Aussage zutreffend. Als Sieger im Wettkampf der Systeme fanden die Westdeutschen selbstverständlich auch, daß sie die besseren Deutschen sind.[26]

Das ost-westdeutsche Unbehagen aneinander drückt auf die Stimmung. Die gegenseitige Wertschätzung ist gering, die Freude an der Einheit ist einer Ambivalenz gewichen. 42 Prozent, so ergab eine Jugendstudie in Sachsen, akzeptieren das neue System nicht, waren hingegen mit dem alten Regime einverstanden. Vor der Wende sei es mit vielem besser bestellt gewesen, so der Meinungstenor. 94 Prozent dieser Jugendlichen denken an die soziale Sicherheit; je 77 Prozent erwähnen in diesem Zusammenhang das Verhältnis der Menschen untereinander und den Schutz vor Kriminalität, 59 Prozent die soziale Gerechtigkeit. Allein die Möglichkeit, sich selbst zu entfalten, wurde zu 80 Prozent als Errungenschaft der Nachwendezeit gelobt. Ist das Nostalgie oder Zeichen von tiefgehender existentieller und emotionaler Verunsicherung, die auch politische Konsequenzen haben wird?[27]

Die neuen wie die alten Bundesbürger fühlen sich auf jeden Fall überlastet und überfordert. Nur draufzahlen, so hat man sich die Einheit nicht vorgestellt. Es scheint, als empfänden sich viele als Verlierer. Wozu in dieser Situation wählen gehen, wenn doch nichts an der grundfalschen Lage geändert werden kann? Schon bei der Bundestagswahl 1990 haben viele Wahlbürger, besonders in den neuen Bundesländern, nach dieser Logik gehandelt.

Demokratiebewußtsein

So gespalten die deutsche Nation auch ist, beide Teile können auf eine demokratische Erfolgsbilanz hinweisen, die die gegenseitige Achtung stärken könnte, wenn sie nicht zugleich auch Ängste auslösen würde. Basisdemokratische Konzepte waren das Kennzeichen der Bewegung in Ost und West: der Aufbau der Gesellschaft von unten, nicht die Delegation der Interessen nach oben.

Mit der Studentenbewegung Ende der sechziger Jahre wurde die modellhaft stabile, formale Demokratie in Westdeutschland um eine streitbare Protestkultur bereichert, von der Impulse für die gesamte Gesellschaft ausgingen. Sie erkämpfte mehr Mitbestimmung und Mitsprache, mehr Teilnahme an allen Belangen des öffentlichen Lebens von der Universität über die Schulen bis hin zu den Gemeinden. Zugleich wandelte sich das Repertoire der politischen Partizipation. Zu den traditionellen traten unkonventionelle Formen. Die Bundesrepublik veränderte sich dabei im Gleichklang mit anderen westlichen Demokratien. Sie beschritt keinen Sonderweg, befand sich aber auch nicht im Rückstand. Von »partizipatorischer Revolution« war die Rede, um das neue Phänomen zu beschreiben.[28] Begleitet war die Entwicklung von einem Wertewandel weg von materiellen Werten wie Einkommen, soziale Versorgung, innere und äußere Sicherheit hin zu postmateriellen Bedürfnissen wie Selbstentfaltung, Mitsprache und Emanzipation.

Stark gefiltert fanden diese Ideen auch in der damaligen DDR ihre Protagonisten. Zwar entwickelte sich dort nicht wie in Polen oder in der ehemaligen CSSR eine das Regime herausfordernde Dissidentenbewegung, wohl aber organisierte sich eine Opposition im Freiraum der Kirchen etwa in Gestalt der Bewegungen für Frieden, Menschen- und Bürgerrechte und Umwelt. Diese Bürgergruppen waren es, die im Herbst 1989 vorübergehend die geistige Führung der Revolution übernahmen, bis sich in den Montagsdemonstrationen langsam die »Wende in der Wende« durchsetzte. Wie die Nachfolgegenerationen der Studentenbewegung für sich in Anspruch nehmen, eine neue demokratische Qualität erkämpft zu haben, so verweisen auch die sanften ostdeutschen Revolutionäre vom Herbst 1989 auf ihre demokratische Leistung, sich auf friedlichem Weg aus politisch totalitärer Vormundschaft befreit zu haben. Dies legitimiert heute ihre Forderungen nach mehr und anspruchsvollerer politischer Teilnahme.

Als westdeutscher Gast bewertet der Politologe Uwe Thaysen die Arbeit, die der »Zentrale Runde Tisch« in der demokratischen Übergangsphase geleistet hat, als be-

wundernswert. »DDR-Bürger hatten bereits vieles in die zukünftig gemeinsame Demokratie ›eingebracht‹, bevor die Vereinigung beider Teile überhaupt auf die Tagesordnung der Geschichte gesetzt war. Mit ihrer friedlichen Revolution des Herbstes 1989 haben sie ein bewundernswertes Stück Geschichte gestaltet und nicht wenige Bundesbürger veranlaßt, über Grundwerte der Freiheit sowie zentrale Begriffe der Demokratie neu nachzudenken.«[29]
Noch 1990 hatte Erwin K. Scheuch die Deutschen in bezug auf demokratische Grundeinstellungen und Orientierungen als eine »mittlere« Bevölkerung charakterisiert, ihren Staat bezeichnet als »unauffälliges Objekt, bei dem im Zustand leicht apathischer und milder Mißvergnügtheit dennoch die Grundprinzipien seines politischen Systems und der Gesellschaft eindeutig akzeptiert werden«.[30]

Andere Autoren wie etwa Werner Weidenfeld urteilen ähnlich, sprechen von hoher Systemakzeptanz für Regierungsform, parlamentarische Verfahrensweisen, Mehrparteiensystem und Parlament, betonen die hohe Zufriedenheit mit dem politischen System, dessen Qualität sie am wirtschaftlichen Wohlergehen und an der demokratischen Stabilität festmachen. Sie rühmen ferner, passive Politikorientierung sei von aktiver Unterstützung abgelöst worden. Angesichts der Parteienverdrossenheit erkennen sie aber auch eine neue Konfliktlinie. Politikverdrossenheit resultiere oftmals aus fehlenden Partizipationschancen. Dahinter stünde die Forderung nach freier Selbstbestimmung und die vom quantitativen Wachstum abgelöste Idee der Lebensqualität als Bewertungsmaßstab für Politik. Mit Blick auf die Mehrheit der Westdeutschen, die nach Gründung der Bundesrepublik erst auf die Welt kam, bemerkt Weidenfeld: »Die Demokratie ist für sie nicht nur eine Staatsform, sondern viel umfassender vor allem eine Lebensweise, die sie unter keinen Umständen missen wollen. Es ist eine kritische Loyalität, die sich eigene Spielräume stets offenhalten will. Aber insgesamt bildet das pragmatische Durchlavieren nach Kosten-Nutzen-Gesichtspunkten auf individueller Basis eine plural abgefederte ›Stabilitätsreserve für das politische System‹.«[31]

Unter dem Druck der Vereinigungskrise hat aber die Zufriedenheit mit der Demokratie in Ost- wie Westdeutschland spürbar nachgelassen. In den alten Ländern stuften sich 65 Prozent als sehr oder eher zufrieden mit der Demokratie ein, in den neuen Ländern sind es nur 48 Prozent. Innerhalb eines Jahres war der Wert gefallen: um 13 Punkte im Westen, um 4 Punkte im Osten. Nach langer Phase ohne wirkliche Zweifel an der Demokratie hat der Vereinigungsstreß in den alten Bundesländern dazu geführt, daß es mittlerweile in einigen sozialen Gruppen Mehrheiten gibt, die unzufrieden mit dem Zustand der Demokratie sind, offensichtlich aus unterschiedlichsten Perspektiven: Die Anhänger der Grünen, weil sie wohl mehr und einen anderen Kurs von der Demokratie erwarten; die Republikaner, weil sie die Demokratie als zu schwach kritisieren, um gegen äußere und innere Feinde vorzugehen; die potentiellen Nichtwähler vielleicht, weil sie befürchten, Demokratie und Wahlen könnten am Lauf der Dinge eh nichts ändern. Im Osten überwiegt die Unzufriedenheit, aber auch hier ist eine ähnliche Spaltung zwischen den Parteilagern zu beobachten. Wer zu

den Altparteien tendiert, äußert weniger Kritik. Aus dem demokratischen Konsens scheren die Freunde von Bündnis 90 / Die Grünen aus, noch häufiger die Nichtwähler, in ganz großer Zahl die Getreuen der PDS.[32]
Nichtwähler sind somit heute in Ost und West frustriert über die Möglichkeiten, die ihnen die parlamentarische Demokratie im Zusammenspiel mit Rechtsstaatlichkeit und sozialer Marktwirtschaft bieten. Die Verhältnisse umkehren will wohl keiner. Aber die Nachfolgepartei der SED, die PDS, eigentlich behaftet mit allen Makeln des untergegangenen Regimes, rückt in dieser Lage zur Hoffnungsträgerin auf. Was sich in vierzig Jahren an Wut und Verachtung gegen die SED aufgebaut hat, brauchte nicht so lange, um vergessen zu werden, wenn die Erfahrung heißt: »Von Honecker belogen, von Kohl betrogen!«[33] Die PDS hat ihr Negativ-Image im Osten abgelegt. Heute überwiegen die freundlichen Urteile die kritischen Töne. Es scheint, als hätten jene wie Ralf Dahrendorf recht behalten, die die Bundesrepublik als eine Schönwetterdemokratie bezeichnen, die den wahren Belastungsproben bisher noch nicht ausgesetzt war. Verschärft sich die Krise, verliert die Demokratie auch an Rückhalt. Für Westdeutschland gilt: Demokratische Zuverlässigkeit wurde im wahrsten Sinne des Wortes erwirtschaftet. Das »Wirtschaftswunder« bildete die Voraussetzung für das deutsche »Wahlwunder«. Der Zusammenhang wirkte in zweierlei Richtung. Die repräsentative Demokratie, die mit ihren konsensbildenden Mechanismen sozialen Ausgleich und Frieden schaffte, zog wirtschaftlichen Wohlstand notwendig nach sich. Andererseits stieg parallel zur ökonomisch günstigen Entwicklung der Kurswert der

demokratischen Grundordnung. Je länger diese harmonische Verbindung von ökonomischem Wohlstand und demokratischer Staatsform anhielt, um so stärker bildete sich Vertrauen in die demokratischen Institutionen heraus.

Für die DDR-Bürger hängt Wirtschaft in Form der Marktwirtschaft und Demokratie ebenfalls eng zusammen. Für sie mündete die friedliche Revolution 1989 mit der Forderung nach Demokratisierung und Mitsprache des Volkes alsbald in die Gleichsetzung von Demokratie, Einheit und Wohlstand. Nicht als erlebte Realität wie für die Bundesbürger, wohl aber als realistisch angestrebte Perspektive verband sich für die DDR-Bürger wirtschaftlicher Wohlstand und Demokratie zu einem einzigen Ziel.

Die Schwierigkeiten, zusammenzuwachsen, belasten nun offensichtlich den demokratischen Konsens im neuen Deutschland und rühren an alte deutsche Schwächen. Untersuchungen zum Demokratieverständnis haben immer wieder einen Bodensatz autoritärer Grundeinstellungen bei den Deutschen herausgearbeitet, die in den neuen Bundesländern noch offener zu Tage treten als im Westen. Das zentralisierte und autoritäre DDR-Regime hat einen derartigen Politiktypus gefördert, man kann auch im Sinne von Lerntheorien sagen konditioniert.[34] Seine Leitbegriffe sind Ordnung und Sicherheit, die starke Führung durch den Staat und vordemokratisches Mißtrauen gegen die Bürger. Politisch setzt sich dies um in Autoritätsgläubigkeit und Intoleranz, Aggressivität bis zur Gewaltbereitschaft. Immer wieder hört man von ausländischen Besuchern oder auch von Deutschen, die lange

Zeit im Ausland waren und heimkehren, wie unfreundlich-aggressiv und intolerant sie das Sozialklima in Deutschland finden. Nicht nur zwischen Bürgern und Politikern herrscht Mißtrauen, sondern auch unter den Bürgern selbst. Angst macht, wenn gerade in Krisenzeiten Unruhe entsteht, weil die Bürger aufmüpfig werden und dabei auch noch mit ungewohnten Methoden mehr Mitsprache fordern. Das tiefsitzende Sicherheitsbedürfnis schließt eine ebensolche Angst vor politischer Bewegung ein. Quer zum Graben zwischen Ost und West bildet sich ein weiterer zwischen jenen, die mehr Sicherheit durch eine starke Hand verlangen, und jenen, die in dieser Situation Reformen der politischen Teilnahme zur Überwindung der Krise anstreben. Es erinnert im übrigen an einen alten Streit: Soll Demokratie ein Handlungsgrundsatz für alle Lebensbereiche sein oder nur ein Prinzip zur Organisation staatlicher Willensbildung? Ein dritter, aber letztlich auch wirkungsvoller Ausweg ist da die Wahlenthaltung.

Problembewußtsein und Regierungszufriedenheit

Wenn sich Problemdruck und Ineffizienz der Politik zu einem hoffnungslosen Syndrom verknäueln, macht sich unterschwellig eine Stimmung breit; damit nicht alles so bleibt, wie es ist, sollten wenigstens die Spielregeln geändert werden. Denn die Spielregeln bestimmen schließlich, wie das Spiel gespielt wird. Wer was ändern will, muß daran drehen. Daß es nicht mehr so weitergehen soll wie bisher, ist in dieser Situation ein naheliegender

Wunsch. Auf einen Machtwechsel setzen – nach einer infas-Befragung aus dem Dezember 1993 – in Westdeutschland 61 Prozent, in Ostdeutschland 75 Prozent.

Der Leidensdruck lastet auf den Ostdeutschen noch härter als auf den Westdeutschen. Aber auch für sie ist er gewachsen. Noch 1990 hatten die Bürger im Westen alle wichtigen Probleme mit Ausnahme der sozialen Sicherung um 20 bis 30 Punkte tiefer aufgehängt. In beiden Teilen Deutschlands ist man offenbar angesichts der schwierigen Lage nervöser und sensibler geworden. In Ost und West werden die Probleme in nahezu ähnliche Rangordnung gebracht, aber nicht durchgängig und mit einem bezeichnend krassen Unterschied: Die neuen Bundesbürger haben natürlich deutlich mehr Interesse an einer Angleichung der Lebensverhältnisse im Zuge der Vereinigung als die Westdeutschen.

Über Jahre hinweg, praktisch seit dem Atomunfall von Tschernobyl im April 1986, hatten in Westdeutschland drei Themen in der Hierarchie der Probleme an der Spitze gestanden: Arbeitsplätze, soziale Sicherung, Umweltschutz. Seit der deutschen Einheit hat sich dies geändert. Es dominieren nun in Ost und West allein die Themen der harten Politik, die sich um Arbeit sowie soziale und innere Sicherheit drehen. Aufgestiegen in dem Sorgenkatalog ist die öffentliche Sicherheit.

Mitte der achtziger Jahre war sie ein im Hintergrund laufendes wichtiges Thema (um die 30 Prozent), aber weit abgedrängt durch die Aufmerksamkeit für Fragen der Umwelt (zwischen 60 und 65 Prozent) und der Friedenssicherung (um 40 Prozent). Die Sorgen haben sich nun auf die innere Sicherheit verschoben, nachdem alles

zusammengebrochen ist, was bisher die innere Ordnung getragen und Sicherheit verbürgt hatte. Der Ost-West-Konflikt ist weggefallen, die Grenzen wurden geöffnet, der Kampf um den besseren Platz an der Sonne hat Wanderungsströme der Armen in die reichen Regionen Europas in Bewegung gesetzt und manche Krisenspekulanten sind in dieser Situation verlockt, auch illegal und auf Kosten anderer ihr Glück zu suchen. Nach kurzem Einheitsboom folgte eine wirtschaftliche Rezession, die an Dauer und Tiefe ohnegleichen ist, weil sie mit einer wirtschaftlichen Strukturkrise zusammenfällt. Vier Millionen Menschen in Ost und West sind arbeitslos. Jenseits der alten Grenze ist die industrielle Produktion nahezu zusammengebrochen. Verbrechen und die Angst vor Verbrechen grassieren, wenn unter regulären Umständen kein Auskommen und keine Sicherheit zu erwarten sind. So haben im Bewußtsein der Deutschen in der Vereinigungskrise die Ökonomie mit ihren Verteilungsfragen und die Angst vor Sozialabbau das Ruder übernommen und rangieren nun weit vor der Ökologie. Wie in alten Tagen wird diese nun wieder eher als Luxus aufgefaßt.
Zu diesem Spitzentrio der Superprobleme kommt eines, das der gegenwärtigen Krise erst das richtige Gewicht verleiht: Ehrlichkeit wird in der Politik vermißt. Vielleicht könnte man sich mit dem Problemdruck, von dem man ja weiß, daß er nicht hausgemacht ist, leichter arrangieren, wenn man wüßte, daß die Politiker ehrlich sind. So paaren sich Hoffnungslosigkeit und Politikverdrossenheit in unheiliger Allianz.
Der Problemkatalog setzt sich fort mit der Gesundheits- und Wirtschaftspolitik, der Frage sicherer Renten, dem

Wichtige politische Probleme
(Angaben in Prozent)

	Osten	*Westen*	*Differenz*
Kampf gegen Arbeitslosigkeit	87	77	+ 10
Soziale Sicherung	82	64	+ 18
Innere Sicherheit	79	58	+ 21
Ehrlichkeit in der Politik	68	58	+ 10
Gesundheitspolitik	63	47	+ 17
Gleiche Lebensverhältnisse	62	20	+ 42
Wirtschaftspolitik	57	48	+ 9
Rentenpolitik	57	50	+ 7
Umweltschutz	50	53	– 3
Wohnen/Mieten	49	52	– 3
Ausländerpolitik	36	48	– 12
Bildungspolitik	36	36	0
Verkehrspolitik	36	29	+ 7
Energiepolitik	24	30	– 6
Europapolitik	14	18	– 4

Quelle: infas-Repräsentativerhebung in Ost- und Westdeutschland, Januar 1994

Umweltschutz und dem Thema Wohnen und Mieten. Die Sorgen hier werden aber schon nicht mehr unisono geäußert. Dies gilt erst recht für die Probleme im Verkehr, das Thema Bildung und die Energiefrage. Am Ende steht die Europapolitik. Abgekühlt hat sich die Ausländerproblematik, noch vor zwei Jahren hatte sie die Gemüter erhitzt. Die Westdeutschen jedoch halten an diesem Thema deutlich länger fest als die Ostdeutschen. In Rechnung muß man dabei stellen, daß im Westen auch das

Gros der Ausländer lebt. Vor dem lange zwischen Regierung und Opposition umstrittenen Asylkompromiß, der zu einer Änderung des Asylrechts führte, hatte das Ausländerthema noch mehr Gewicht. Die Kompromißfähigkeit der Parteien – auch um einen hohen Preis – hat in den Augen der Bevölkerung die Problematik entschärft. Daß in Ost wie in West die Stimmung auf Wechsel steht, hat nicht bloß mit dem großen Problemdruck zu tun. Auch die Zufriedenheit mit den Verantwortlichen in der Bundesregierung ist auf einem Tiefpunkt. Nur knapp ein Fünftel im Osten beziehungsweise knapp ein Viertel im Westen ist der Auffassung, mit den Leistungen des Bonner Kabinetts könne man zufrieden sein. 40 Prozent im Osten, 42 Prozent im Westen trauen einer SPD-Regierung zu, daß sie es besser machen könnte. Das ist nicht gerade eine überzeugende Antwort auf so viel Frust und Kritik an den Herrschenden. Möglicherweise denkt man in dieser Situation auch nicht unbedingt an das klassische Wechselspiel zwischen Regierung und Opposition, sondern möchte ganz neue Alternativen sehen. Die Bundesregierung regiert auf jeden Fall gegen ein mürrisches Volk an. »Deutschland in der Krise: Ein Volk wendet sich ab.« Mit diesem Aufmacher erschien *Die Woche* im Februar 1993 und meldete 39 Prozent potentielle Nichtwähler.

Zufriedenheit mit der Einheit und neue Identität

Die schon erwähnte Jugendstudie in Sachsen fand heraus, daß 19 Prozent der dort untersuchten 21jährigen Jugendlichen sich ohne Wenn und Aber als Bundesbürger fühlen, sie haben mit ihrer DDR-Vergangenheit vollkommen gebrochen und wollen davon nichts mehr wissen. 56 Prozent haben keine eindeutige Identität und schweben zwischen den Welten, zwischen untergegangener DDR und neuer Bundesrepublik. Zwar fühlen sie sich als Bundesbürger und erkennen realistisch die neuen Verhältnisse an, aber emotional sind sie weiter an die alte DDR gebunden, 21 Prozent schließlich mochten ihre alte Identität nicht aufgeben. Sie haben bisher keine Zugehörigkeit zur Bundesrepublik entwickelt und fühlen sich innerlich immer noch als DDR-Bürger.

Dieses Meinungsbild unter Jugendlichen läßt ahnen, welchen emotionalen Streß die Bürger in der DDR auf dem Weg zur Einheit durchmachen. Die Existenzgrundlagen, die Bedingungen des Alltagslebens, haben sich geändert. Mit dem Verlust von DDR-Identität schwankt auch das bisherige Selbstkonzept, und will man nicht verdrängen, verschieben oder verklären, hilft nur, sich emotional und intellektuell mit der eigenen Vergangenheit auseinanderzusetzen. Es ist aber die Geschichte der DDR-Bürger, nicht die der Westdeutschen. Den Älteren dürfte dies noch schwerer fallen, denn sie sind psychisch vermutlich nicht mehr so offen wie die jungen Leute. Wenn sie Bilanz ziehen, können sie auf ein Leben zurückblicken, das sicher nicht nur durch das SED-Regime verdunkelt war. Welche Perspektiven haben aber die Jungen oder auch jene, die (noch) arbeiten möchten, aber keine Arbeit mehr finden? Wie pessimistisch hier das Grundgefühl ist, läßt sich am Verhalten der jungen ostdeutschen Frauen ablesen. Sie sehen ihr in DDR-Zeiten entwickeltes Selbstkonzept in Gefahr, nämlich das von Frauen, die ökonomisch und daher auch sozial und psychisch unabhängig sind. Die Zahl der Geburten ist drastisch zurückgegangen, mehr Frauen denn je lassen sich sterilisieren, um auf dem Arbeitsmarkt vermittelbar zu sein. Schon 1990 war eine Minusrekord-Wahlbeteiligung bei den jungen DDR-Frauen registriert worden.

Anpassung an die neuen Verhältnisse wird nahezu ausschließlich von den DDR-Bürgern verlangt, sie müssen auf Gewohntes viel mehr verzichten, wenngleich sie die politische Umorientierung gewollt haben, allen voran Hunderttausende von friedlichen Demonstranten. Demgegenüber sind die Westdeutschen von der Entwicklung eher überrollt worden. Man könnte sich daher fragen, wie es ihnen ankäme, wäre von ihnen je verlangt worden, alles über Bord zu werfen und sich auf etwas vollkommen Neues einzurichten. Aber auch den alten Bundesbürgern wird langsam immer deutlicher klar, daß die deutsche Einheit sie nicht ungeschoren läßt, daß sich auch ihre Lebenskoordinaten verschoben haben und Deutschland östlicher und protestantischer geworden ist, wie es der einzig frei gewählte Ministerpräsident der DDR, Lothar de Maizière, 1990 formulierte.

Die Mehrheit, nämlich 57 Prozent der Westdeutschen, äußert sich denn auch überwiegend kritisch über den Verlauf der Einheit. Das Meinungsbild hat sich seit geraumer Zeit verfestigt. Die Ostdeutschen sind in dieser Hinsicht gespaltener: Die Geschichte will man nicht zurückdrehen, aber glücklich ist man auch nicht. 48 Prozent sind trotz allem überwiegend zufrieden mit der Entwickung nach der Einheit, 49 Prozent urteilen von der Gegenseite aus. In beiden Teilen des Landes hört man am häufigsten

Kritik von jenen, die mit den Altparteien Union, SPD und FDP nichts (mehr) zu tun haben wollen.
Keine Frage: Der Prozeß der deutschen Einheit wird in Ost und West als eine schwere Krise erlebt und darauf sind auch drastische Wählerreaktionen zu erwarten. Aus der amerikanischen politischen Ökonomie stammen drei Begriffe, die das mögliche Handlungsrepertoire umreißen: Exit, Voice and Loyalty, zu übersetzen als Wahlenthaltung, Protestwahl und Parteitreue beziehungsweise Ergebenheit.[35] Es sieht heute nicht danach aus, als wäre Treue die wahrscheinlichste Reaktion.
Binnen zwei Jahren ist die Zahl der sich bekennenden Nichtwähler und Unentschlossenen im Westen von 16 auf 28 Prozent gestiegen, in Ostdeutschland noch dramatischer und höher von 23 auf 44 Prozent. Mit der Idee, demnächst mal eine Protestpartei zu wählen, spielen 26 Prozent. *Die Woche* müßte heute nicht nur die Schlagzeile texten: Ein Volk wendet sich ab – sondern auch: Ein Volk macht sich davon.

5 Parteienverdrossenheit und das gespannte Verhältnis zu den politischen Eliten

Eliten und das Ethos der Demokratie

»Glaubt man den Ergebnissen einer Repräsentativbefragung des Sample Instituts über Glaubwürdigkeit und Kompetenz deutscher Politiker ..., ist nicht nur die Werbung, sondern auch das beworbene Produkt ein Flop.« So urteilte *Der Kontakter*, der Deutsche Kommunikations-Dienst für die Werbewirtschaft im August 1993. Zitiert wurden Ergebnisse, wonach nur noch jeder siebte Bundesbürger die Politiker in Deutschland für vertrauenswürdig halte. 1986 hätten noch 40 Prozent Vertrauen zu den Volksvertretern gehabt. Zivilcourage würden ihnen heute nur 18 Prozent zusprechen. Die deutliche Mehrheit, nämlich 70 Prozent, ginge statt dessen davon aus, daß Politiker ihre Stellung dazu benutzen, um sich persönlich Vorteile zu verschaffen. Auch mit dem Vertrauen in ihre Ehrlichkeit und Handlungsfähigkeit sei es schlecht bestellt. 69 Prozent hatten den Eindruck, Politiker redeten den Leuten nur nach dem Mund und seien nicht aufrichtig; wenn es ums Handeln ginge, meinten 55 Prozent, würden sie sich vor unpopulären Entscheidungen drücken.

Hinter diesem Meinungsbild steckt mehr als der Reflex auf das Wort des Jahres 1992: Politikverdrossenheit. Es beschreibt die heute weit verbreiteten Zweifel an dem, was eigentlich Geschäftsgrundlage der parlamentarischen Demokratie ist: das Ethos der Repräsentation. »Ich schwöre, daß ich meine Kraft dem Wohle des deutschen Volkes widmen, seinen Nutzen mehren, Schaden von ihm abwenden, das Grundgesetz des Bundes wahren und verteidigen, meine Pflichten gewissenhaft erfüllen und Gerechtigkeit gegen jedermann üben werde.« Wenn Bundespräsident, Bundeskanzler und Bundesminister diesen Amtseid leisten, so stiften sie im Wahlvolk mit dieser Formel eine auch für alle Mandatsträger geltende gedankliche Verpflichtung, die das Vertrauen in die Stimmabgabe, in den Wahlprozeß begründet: Die eigenen Interessen sind wohl aufgehoben, wenn man sie an einen Zwischenträger, an einen Vermittler, an einen Stellvertreter, an einen Repräsentanten delegiert. Interessen direkt, ohne vermittelnde Instanzen, durchzusetzen, ist in einer Massengesellschaft unmöglich. Institutionen wie Parteien sind daher nötig, damit Interessen gebündelt, Kompromisse ausgehandelt und ein Ausgleich hergestellt werden kann. Wahlen sind das Instrument, das diesen Vorgang legitimiert. Dabei bestimmt eine Mehrheit eine Minderheit, in ihrem Auftrag zu handeln, und beruft und beauftragt damit politische Eliten auf Zeit. Dies ist Leitbild und Konsens der repräsentativen Demokratie. Wenn heute die politischen Eliten kritisiert werden als machtversessen (auf den Wahlsieg) und machtvergessen (bei der Wahrnehmung inhaltlicher Führungsaufgaben), als selbstsüchtig und geldgierig-materialistisch, als unsensibel und unbeweglich, von der Realität abgeschottet und selbstbezogen, obendrein noch unfähig, zur Kommunikation ebenso wie zur Problemlösung, so ist damit nicht automatisch in Frage gestellt, daß Minderheiten Mehrheiten führen. Das Problem ist vielmehr, wie man gewährleisten kann, daß sich diese Minderheiten als Eliten dem Ethos der Demokratie verpflichtet fühlen und danach handeln. In dem vielbeachteten Gespräch mit Redakteuren der Wochenzeitung *Die Zeit* stellte Richard von Weizsäcker in seiner Rolle als Bundespräsident fest: »Es gibt oder wenigstens kenne ich keine Alternative zu politischen Parteien in Massengesellschaften. Wir brauchen sie dringend, und daß sie starken politischen Einfluß haben, ist selbstverständlich. Um so wichtiger ist es, klarer zu wissen, welche Rechte und Pflichten sie haben und wie sich ihr Ansehen entwickelt.«[36]

Was als Politikverdrossenheit bezeichnet wird, ist eine Mischung aus Enttäuschung, Resignation, Ohnmacht und Ressentiment. Damit reagieren die Bürger auf »gravierende Deformationen und Funktionsstörungen im Kreislauf des parlamentarisch-repräsentativen Systems unserer Demokratie«[37], auf den auffälligen Widerspruch zwischen Verfassung und Verfassungswirklichkeit. Im Artikel 20 des Grundgesetzes heißt es: »Alle Staatsgewalt geht vom Volke aus. Sie wird in Wahlen und Abstimmungen ausgeübt.« In Wirklichkeit aber haben sich die Parteien alle Macht angeeignet und das ihnen in Artikel 21 des Grundgesetzes zugestandene Privileg, an der politischen Willensbildung mitzuwirken, zu einem Meinungs- und Willensbildungsmonopol umfunktioniert. Mißachtet wird in diesem Zusammenhang auch, daß die Abgeordneten – gemäß Artikel 38 des Grundgesetzes – Vertreter des ganzen Volkes und an Weisungen und Aufträge nicht gebun-

den sind. Tatsächlich aber herrscht überall Fraktionszwang der Parteien.
Unter dieser Decke der Politikverdrossenheit rührt sich aber auch Engagement für eine Reform der Demokratie: Sie soll sich auf ihre Wurzeln besinnen und gleiche Beteiligungschancen für Minderheiten wie Majoritäten gewähren. Das heißt, nicht die Stellvertreter dürfen allein bestimmen, was und wie politisch gehandelt wird. Auch das Volk muß das Recht dazu haben, es muß also auch so etwas wie eine Volksgesetzgebung möglich sein.
In den letzten Tagen der DDR meldeten sich die Demonstranten gegen das DDR-Regime mit der Formel zu Wort: »Wir sind das Volk.« Ähnlich argumentieren heute die Fundamentaldemokraten: Die Staatsgewalt des Volkes, die Volkssouveränität, soll sich nicht alle vier Jahre im Ankreuzen des Stimmzettels erschöpfen, um danach zuzusehen, wie Parteien und Politiker den Staat in Besitz nehmen, alles kontrollieren, sich selbst aber der Kontrolle am liebsten entziehen. Man will sich nicht länger entmündigen und als dumpfe Wählermasse betrachten lassen, die von Eliten geführt werden muß – ein Politikmodell klassischer Demokratietheoretiker, das offensichtlich in den Köpfen mancher Politiker noch weiterlebt.
Dagegen fordert der Politologe Wilfried Röhrich von den Eliten demokratisches Ethos, die Bereitschaft: »... auf all die zu hören, die nicht zu den Eliten zählen, und alle Argumente dieser anderen von vornherein als gleichberechtigte Geltungsansprüche verstehen zu wollen. Sie (die Elite) muß die Einsicht in die Möglichkeit und Notwendigkeit demokratischer Mitverantwortung auf der Ebene der Gleichen leiten. Nur so kann sich Volkswille

herausbilden, der sich gegenüber den Fakten des Soziallebens als nicht blind und gegenüber den Geboten repräsentativer Ethik als nicht taub erweist – ein Volkswille durch Wahlen: verstanden als periodische Rückkopplung der Repräsentanten an die Repräsentierten.«[38]
Die demokratisch durch Wahlen legitimierte Herrschaft soll also wieder an jene rückgekoppelt werden, die den Herrschaftsauftrag erteilt haben. Aber es geht nicht nur um Kontrolle, sondern um mehr, nämlich auch um mehr Mitbestimmung als unter den gegenwärtig gültigen demokratischen Spielregeln, die diese »Deformation« offensichtlich begünstigt haben. Die Reformer wenden sich gegen den Begriff von Demokratie als purer Herrschaftstechnik: Politik soll ihre Ziele und Wege im öffentlichen Diskurs erarbeiten, die Gesellschaft muß durch mündige, aktive Staatsbürger gestaltet werden. Demokratie in diesem Verständnis ist nicht nur Staatsform, sondern Lebensform und allgemeines Strukturmerkmal der Gesellschaft.

Parteienverdrossenheit und Tief der Demokratie

Die gegenwärtige Politikverdrossenheit spiegelt somit auch ein Tief der Demokratie wider, das sich in einer Vielzahl von Symptomen niederschlägt. Da sind:

- wachsende Zahlen für Nichtwähler und Wechselwähler,
- Einbußen für die etablierten Parteien, gleichgültig, ob in Regierung oder Opposition,

- politische Radikalisierung nach rechts und zunehmende Gewalt,
- Vertrauensverluste in die Handlungsfähigkeit und Glaubwürdigkeit von Politikern und Parteien,
- geringes Ansehen für die Profession der Politiker,
- wenig Motivation zur Parteimitarbeit, sinkende Mitgliederzahlen und eine Tendenz zur Überalterung,
- Anzeichen von Entfremdung und Zynismus, vor allem auch in der jungen Generation,
- eine Vielzahl von Parteineugründungen, Wählervereinigungen à la STATT Partei,
- eine Tendenz zu »Do-it-yourself«-Politik.

Analysiert man diese Symptome nach Ursachen und Motiven, wird rasch klar, daß es irreführend ist, von Politikverdrossenheit zu sprechen, eher haben wir es mit Parteien- oder auch mit einer Politikerverdrossenheit zu tun. Zwei Kritiklinien lassen sich erkennen: Die eine kristallisiert sich um das Erscheinungsbild und das (Fehl)Verhalten der Parteien sowie ihrer Exponenten, die andere fragt nach strukturellen Ursachen, die zur Entfremdung zwischen Wählern und Gewählten geführt haben.

Fehlverhalten der Parteien
Da ist zunächst die Kritik an dem *Typ des Berufspolitikers*, der ohne Ecken und Kanten, bloß mittelmäßig, ohne jegliche Berufserfahrung und damit Kontakt zur Realität Jahre seines Lebens unter der Käseglocke des Politikbetriebs zubringt, orientiert an Denkweise und Sprache seiner »Berufskollegen«, fixiert auf den Karrierekanal Partei, abhängig von den ihn stützenden und zur Wieder-

wahl nominierenden Netzwerken innerhalb seiner Partei und verschlissen durch jahre- und jahrzehntelange Teilnahme am routinisierten Politikritual. Plakativ diagnostiziert der Soziologe Erwin Scheuch dies als Triologie von Cliquen, Klüngel und Karrieren. Als die Grünen sich Anfang der achtziger Jahre anschickten, in die deutschen Parlamente zu ziehen, wußten sie, warum sie in fundamentaldemokratischem Ethos die Rotation von Mandatsträgern in ihr Programm schrieben. Gleichwohl erwies sich ihre Selbstverpflichtung – Rotation nach zwei Jahren – als wirklichkeitsfremd und war selbst in den eigenen Reihen nicht durchzusetzen.
Da sind weiter die *Affären und Skandale*, die zu ersinnen die Wähler kaum genug Phantasie haben, banal wie die Putzfrauen- oder Figaro-Affäre, dramatisch wie die Barschel-Engholm-Affäre, strukturell wie die Flick-Affäre über die Parteienfinanzierung. Persönliche Vorteilsnahme ist im Spiel, aber auch Korrumpierbarkeit für übergeordnete parteitaktische oder ideologische Ziele; man hört von Verrat, Doppelleben, Rotlicht, Unterwelt. Politiker sind auch nur Menschen, damit wehren sich die Repräsentanten gegen moralischen Rigorismus, den man den Deutschen gern als nationale Schwäche nachsagt. Den im Grunde ihres Wesens unpolitischen Deutschen falle es offenbar nicht leicht, bessere Politik statt bessere Politiker zu fordern. Andere wiederum argumentieren, wer nicht an den strengen Maßstäben eines Vorbildes gemessen werden wolle und sich über die kritische Lupe beklage, sei in der Politik fehl am Platz.
Kritik entzündet sich auch an der Dreistigkeit, mit der Politiker und Parteien ihre Stellung ausnutzen, um sich

Posten zuzuschieben, sich gegenseitig abzusichern und die Pfründe untereinander aufzuteilen. Es herrscht das *Amigo-Prinzip* im großen wie im kleinen. In allen möglichen Aufsichts- und Kontrollgremien mischen die Parteien mit; Posten in Medien, Wirtschaft und Verbänden werden nach Parteienproporz besetzt. Dazu gibt es noch lauten öffentlichen Streit, sollte einmal eine für selbstverständlich gehaltene Besetzung mit einem Parteimann oder einer Parteifrau auf Widerstand stoßen. Der Parteienkritiker Hans Herbert von Arnim spricht von einer »Kolonisierung unabhängiger Einrichtungen« durch die Parteien. Die Parteien beargwöhnen die Medien, ob sie »ausgewogen« sind, Sendezeiten werden von den Parteien aggressiv eingefordert und Beschwerde in den Aufsichtsgremien geführt, wenn die ungeschriebenen Spielregeln des Parteienproporzes verletzt wurden. Meist wird schon vorher sortiert: Zugang zu öffentlichen Ämtern und Beförderungen setzen das richtige Parteibuch voraus.

Zorn ruft vor allem die gesamte *Parteienfinanzierung* hervor. Ein Drittel der Parteieinnahmen kommt aus Steuerquellen. Die Parteien entscheiden dabei unkontrolliert in eigener Sache, was notwendigerweise einseitig, unangemessen, wenn nicht gar mißbräuchlich sein kann. Mehrfach mußte das Bundesverfassungsgericht gegen die Eigenmächtigkeiten der Parlamente vorgehen, die ohne Skrupel die Margen ihrer Einkünfte in Form von Diäten und Aufwandspauschalen festlegten, die Spenden wuchern ließen und am Grundgesetz vorbei eine versteckte Parteienfinanzierung betrieben: Fraktionen und Stiftungen wurden großzügig mit staatlichen Finanzen bedacht. Selbst die Grünen widerstanden nicht der Ver-

suchung, es den anderen gleichzutun und auch eine parteieigene Stiftung zu gründen.
Selbst in den Wahlberechtigten entdeckten die Parteien eine Geldquelle. Für jeden Wahlberechtigten, also auch für alle Nichtwähler, erhielten die Parteien als *Wahlkampfkostenerstattung* ursprünglich 2,50 Mark, später fünf Mark. Die Wahlebene spielte keine Rolle, stets wurde der gleiche Betrag gezahlt, nämlich 300 Millionen pro Wahlebene (Europa, Bund, Länder). Zusammen wurden also 900 Millionen Mark für die diversen Wahlgänge in einer Wahlperiode »ausgeschüttet«. Der Betrag wurde proportional zum jeweiligen Wahlergebnis auf die Parteien aufgeteilt, und zwar ohne Rücksicht auf die Wahlbeteiligung, die je nach Wahlebene beträchtlich schwankt und damit den Aufwand, der zu entgelten wäre, doch recht unterschiedlich ausfallen läßt. Wie bei der Mandatsverteilung wurden die Nichtwähler also schlicht ignoriert.[39]
Das Bundesverfassungsgericht hat Anfang 1992 wesentliche Teile dieser Parteienfinanzierung für verfassungswidrig erklärt und zur Maßgabe erklärt: Eine absolute Obergrenze der staatlichen Zuwendungen ist festzulegen. Bei der Wahlkampfkostenerstattung sind die Wählerstimmen zu berücksichtigen, und ein Sockelbetrag oder Chancenausgleich ist nicht gestattet. Großspenden dürfen nicht mehr steuerlich begünstigt werden. Inzwischen wurde im November 1993 ein neues Gesetz im Bundestag verabschiedet. Die jährliche Obergrenze der staatlichen Zuwendung liegt bei 230 Millionen. Nur noch für Wähler gibt es Geld, und zwar eine D-Mark pro Wählerstimme. Für die ersten fünf Millionen werden –

Schutzklausel für die kleinen Parteien – je 1,30 Mark gezahlt. Ob dies verfassungskonform ist, daran erheben sich erneut Zweifel. Zumindest die Nichtwähler können zufrieden sein, denn sie werden nicht mehr einfach als Stimmvieh wider Willen verrechnet. Wenn sie sich verweigern, merken dies heute die Parteien auch an ihren Budgets.

Fehlentwicklung in den Parteien

Die Kritik an den Parteien entzündet sich aber nicht allein an ihrem Gebaren. Es wird darüber hinaus gefragt, ob die heutigen Volksparteien noch zeitgemäß sind. Entstanden aus gesellschaftlichen Spannungen des vorigen Jahrhunderts, gelten sie heute als Relikte, als Dinosaurier aus der alten Zeit. Unbeweglich und in verkrusteten Strukturen gefangen, sind sie den modernen Konflikten nicht gewachsen, die neue Ideen und Programme erfordern, etwa in der Frage von Umwelt und Technologie, Kommunikation und Information, Zukunftsenergien sowie internationalen Verpflichtungen.

Noch radikaler fragen sich manche, ob die *Entwicklung zur Mitgliederpartei* nicht eigentlich fatal gewesen sei, denn sie habe zur inneren Abkapselung, zum Eigenleben der Parteien geführt und intern undemokratische Machtstrukturen gefördert, die heute die Entscheidungen bei Konflikten, die Durchsetzung von inhaltlichen Zielen und die Kommunikation mit der Gesellschaft bloß behindern. Zu überlegen sei, so der Vorschlag von Peter Radunski, Spiritus rector der CDU-Wahlkämpfe seit 1976, ob man sich nicht vom Typ der Mitgliederpartei verabschieden und statt dessen Parteien als Dienstleistungsunternehmen organisieren solle. Die eigentliche Wahlkampfarbeit würde bereits jetzt von entsprechenden Service-Abteilungen der Werbewirtschaft geleistet.

Die lebenslange Parteiarbeit von aktiven Mitgliedern als Organisationsprinzip steht für die veraltete Auffassung von politischem Engagement, das die Parteien heute noch pflegen. Alles, was spontan, kurzlebig und quer zu alten Linien steht, ist ihnen nicht geheuer. Aber auch gemessen an ihren alten Organisationsidealen sind die traditionellen Parteien in der Krise. Betrachtet man ihre *Mitgliederstruktur*, erst recht die der Mandatsträger, kommen Zweifel, ob hierin die Gesellschaft in ihrer ganzen Breite noch angemessen abgebildet ist. Frauen, Jugendliche, Arbeitnehmer oder Arbeitslose, aber auch Vertreter aus Wirtschaft oder Kultur sind in den Parteien unterrepräsentiert. Darunter leidet der notwendige lebendige Austausch mit der Gesellschaft, der die Parteien in die Lage versetzen könnte, legitimerweise und effektiv als Vermittler und Agent von gesellschaftlichen Interessen aufzutreten. Schuld daran gibt man dem *Delegiertenwesen*, das streng die Auslese der Mandatsträger kontrolliert, Seiteneinsteiger abwürgt und den parteiinternen Proporz überwacht – etwa nach Flügeln und Zirkeln, Regionen, Quoten für Frauen und der Rücksicht auf bisherige Mandatsbesitzer. Zu dem Zweifel, ob der Parteienwettbewerb auch effektiv funktioniert, kommt die Skepsis, ob Parteien wirklich innerparteiliche Demokratie üben.

Auch die *Zahl der beitragszahlenden Mitglieder* macht den Parteien zu schaffen. In den siebziger Jahren konnte die SPD auf einen Mitgliederbestand von mehr als einer Million blicken, heute liegt er bei 850 000. Ebenso haben

CDU und FDP ihren Zenit überschritten. Etwa 620 000 haben heute ein Parteibuch der CDU, Anfang der achtziger Jahre, zu Beginn der Bonner Regierungszeit, zählte die Statistik 100 000 Mitglieder mehr. Bei der FDP beläuft sich der Mitgliederschwund von knapp 80 000 zu sozialliberalen Regierungszeiten auf jetzt etwa 65 000. Von Auszehrung verschont blieben auch nicht CSU und Grüne. Gemessen aber an ihren Mitgliederständen von vor zehn beziehungsweise zwanzig Jahren haben beide Zulauf erhalten: Die CSU verfügte Anfang der siebziger Jahre über gut 100 000 Mitglieder, jetzt liegt ihre Zahl bei etwa 180 000. Seit ihrer Gründungsphase sind die Grünen von 25 000 auf 36 000 Mitglieder gewachsen.
Auch in Ostdeutschland geht der Mitgliederstand zurück, einzige Ausnahme sind die Grünen / Bündnis 90, die offenbar bei etwa 3000 stagnieren. Die Mitgliederzahl der CDU sank von gut 110 000 kurz nach der Vereinigung auf knapp unter 100 000. Die SPD hat derzeit noch 25 000 Mitglieder, zu Beginn waren es 28 000. Dramatisch ist der Mitgliederrückgang bei der FDP, von 75 000 auf jetzt etwa 45 000. Am meisten hat sich natürlich bei der PDS getan. Von den angeblich drei Millionen Mitgliedern der SED zu deren Regierungszeiten traten schon mit der Wende zwei Millionen aus. Danach schrumpfte die Nachfolgepartei weiter. Gut 150 000 Mitglieder sind derzeit registriert, nach der Vereinigung waren es noch 185 000.
Muß der Mitgliederrückgang die Parteien schon sehr schmerzen, weil er ihre Finanzen schmälert, so ist ihnen aus gleichem Grund um ihre Zukunft noch banger. Denn Mitgliederverluste haben auch eine natürliche Ursache: Alte Mitstreiter sterben, junge bleiben weg. Bei den Alt-

parteien liegt mittlerweile das *Durchschnittsalter* über Fünfzig, selbst bei den Grünen um die Vierzig. Die Ökologen mußten es inzwischen den Etablierten gleichtun und eine Jugendorganisation gründen. Das Hinsterben der Organisation ist das eine, die fehlende Hingabe das andere Dilemma. Von den zusammen etwa zwei Millionen Mitgliedern der Parteien sind angeblich zwei Prozent aktiv und das mit immer weniger Lust und innerem Engagement, so klagen unisono alle Ortsverbände.

Parteien trocknen auf diese Weise sozial aus, haben die Verbindung zu ihren Wurzeln verloren und sind daher auch kaum noch in der Lage, ihre inhaltlichen und programmatischen Forderungen mit der Wirklichkeit rückzukoppeln. Die Entstehung der Grünen aus der Bewegung für Umweltschutz und für qualitatives Wirtschaftswachstum gilt als Beleg für ein derartiges Defizit. Aber auch die neueren Veränderungen in der Parteienlandschaft, der Trend nach rechtsaußen sowie das Zerbröckeln der Mitte, die wachsende Zahl der Nichtwähler lassen sich mit *fehlender »Responsivität« der Parteien* erklären. Was ist hierunter zu verstehen? Der Politologe Ulrich von Alemann meint dazu:

»In dem Begriff steckt zunächst das Antworten, das Eingehen auf Bedürfnisse, die von der Gesellschaft artikuliert werden. Responsivität – als normative Forderung auf die Parteien angewandt – meint deshalb: Parteien gehen nicht nur aus der Gesellschaft hervor und wirken bei der politischen Willensbildung mit, sondern sie wirken auch auf die Gesellschaft zurück. Sie sollen offen für sozialen und politischen Wandel sein und Antworten auf neue Problemstellungen geben können. Mangelnde Responsi-

vität bedroht die Parteien mit der Strafe potentieller Wählerverluste.«[40]
Die Bürger erleben diese Schwächen als gravierende *Kompetenzverluste* der Parteien. Immer weniger sind davon überzeugt, die Altparteien würden die für die Bundesrepublik wichtigen politischen Probleme meistern können. Sie vermissen, daß in den Parteien auch ihre Meinung zu wichtigen Problemen aufgegriffen und repräsentiert wird, entsprechend auch die Interessen der sozialen Gruppen, denen man sich zugehörig fühlt. Am Ende steht eine große Unzufriedenheit mit den Leistungen der Regierung und des gesamten politischen Systems. Überzeugendes Beispiel dafür ist die Art und Weise, wie der Prozeß der deutschen Einheit in Ost und West beurteilt wird: Nur 42 Prozent im Westen und 48 Prozent im Osten bezeichnen ihn als geglückt (siehe Kapitel 4).
Früher, vor etwa zwanzig Jahren, standen die verschiedenen Parteien jede für eine bestimmte Politik. Von der Union erwartete man die Sicherung von Ruhe und Ordnung, Anreize für das Wirtschaftswachstum sowie soliden Umgang mit den Haushaltsfinanzen. Vor allem die Wahrung nationaler Interessen vermutete man bei der CDU in besten Händen. Umgekehrt traute man der SPD mehr Engagement und größere Kompetenz zu in Fragen sozialer Sicherheit und sozialer Gerechtigkeit. Als fast genuine SPD-Politik galt die Arbeitsplatzsicherung sowie Initiativen in der Entspannungspolitik. Bildungs- und Rechtsfragen hielten die Liberalen besetzt, und als die Grünen später hinzukamen, sah man in ihnen selbstverständlich die beste Vertretung von Umweltschutzinteressen. Während die Grünen im Laufe der Zeit noch mehr

Vertrauen gewinnen konnten und sich daran in gewisser Weise ihre Karriere auf dem Weg zur etablierten Partei ablesen läßt, schrumpfte das Profil der anderen gerade in jenen Politikfeldern, für die sie bislang als besonders kompetent galten. Kurz vor der Wende, 1982, glaubten nur noch wenige, die damalige Regierungspartei SPD könne etwas gegen die schwere Arbeitslosigkeit ausrichten. Heute zweifeln viele angesichts der Krise an der Fähigkeit der Union, Wirtschaft und Finanzen in Ordnung zu halten. Die großen Parteien holen das verlorengegangene Vertrauen nur mühselig zurück. Gleich, welches Politikfeld heute angesprochen wird, meist ist die Reaktion: Keine der beiden großen Parteien ist in der Lage, die Probleme zu lösen.

Politikverdrossenheit und Verantwortung

Bei Union und SPD wächst die Neigung, die Verantwortung für die Gestaltung der Politik wieder ein Stück von sich zu schieben. Weil sie alles zu regeln beansprucht haben und nun mit hohen, vielleicht zu hohen Erwartungen konfrontiert sind, möchten die Volksparteien den Spieß wieder umkehren und deklarieren eine neue Bescheidenheit, um von ihrem kaputten Omnipotenz-Image wegzukommen. Zuständig für die sozioökonomische Entwicklung seien nicht die Parteien, sondern die Wirtschaft mit ihrem Unternehmergeist, die Wissenschaft mit ihrer technologischen Kreativität, die Tarifparteien mit ihrem Gespür für das Machbare, die Erzieher mit ihrer Verantwortung für die Übermittlung von Wissen und Werten, die Familie als Hort des leiblichen und seelischen Wohls und die Kirchen als Zuflucht für das geistliche Heil.

Selbst wenn sich alle diese Instanzen mit in die Verantwortung einbinden ließen, würde es heute den Parteien nicht viel helfen. Ihnen fehlt es an Vertrauen, es geht um ihre Legitimation; sie müssen sich schon selbst so weit reformieren, daß die Bereitschaft wieder wächst, ihnen ein politisches Mandat zu erteilen.

Aus unterschiedlicher Warte kommen zwei Politiker zu ähnlichem Resümee. Der Parlamentarische Geschäftsführer der Bundestagsfraktion der CDU/CSU, Jürgen Rüttgers, urteilt: »Im Verhältnis der Bürger zu den politischen Parteien und ihren Repräsentanten haben wir diesen kritischen Punkt (gemeint ist die Neigung zum Nein, Anmerkung U. F.) erreicht – zu Lasten beider und auf Kosten der politischen Innovationsfähigkeit. Die Neigung zum Nein, zur Wahlenthaltung oder Protestwahl schmälert die Legitimationsbasis und verengt den Handlungsspielraum für politische Entscheidungen. Auf seiten der Politik wächst bei drohendem Verlust der Gefolgschaft die Neigung, notwendige Entscheidungen zu vertagen.«[41]

Zugespitzt beschreibt der SPD-Politiker Johano Strasser die Situation wie folgt: »Noch beherrschen sie allabendlich in den Nachrichtensendungen die Bildschirme, geben Stellungnahmen ab, erheben Forderungen, klagen als Oppositionelle die Regierung an oder rechtfertigen in der Pose der Verantwortungsträger die Beschlüsse des Kabinetts. Aber ihre Autorität ist angekratzt, immer weniger Menschen hören ihnen zu, immer weniger glauben ihren Beteuerungen, immer mehr sind der Überzeugung, daß Politiker allesamt inkompetent, korrupt, faul und überbezahlt sind. Eine schier unendliche Reihe von Skandalen bestätigt nur, was viele ohnehin glauben: Politik ist ein schmutziges Geschäft, von dem man besser die Finger läßt.«[42] Vor allem drei Dinge vergraulen die Bürger und treiben sie in Wahlenthaltung und Parteienverdrossenheit: schlechte Politik, schlechte Politiker und zu wenig Einfluß auf die Politik. Die logische Konsequenz, alle drei Dinge einzufordern, nämlich bessere Politik, bessere Politiker, bessere Einflußmöglichkeiten, das geht manchem dann doch zu weit.

Die Kritik an den deutschen Parteien ist heute so fundamental, daß man sich fragt, wie lange sie eigentlich noch überleben können und wieso andere westliche Demokratien mit ihren Parteien klagloser auskommen als die Deutschen. Offenbar geht es nicht ohne Parteien, besser gesagt ohne Organisierung des Wählerwillens, und auch das Lamento gehört wohl zur Demokratie. Freilich zeigt das Beispiel Italien, selbst dort kann das Faß der Toleranz mafioser Strukturen auch überlaufen. Die Parteien als Institution konnten sich am Ende nur durch Selbstauflösung, Spaltung, Umbenennung und Neugründung retten. Ihr alter, verrotteter Markennamen war nicht mehr zu gebrauchen. Die Democrazia Cristiana, DC, zerfiel infolge der innenpolitischen Krise und mußte sich umbenennen in PPI (Partito Populare Italiano); weitere Abspaltungen folgten. Die kleine sozialdemokratische Partei verschwand von der Bildfläche. Spaltungen gab es auch bei der Sozialistischen Partei und der Republikanischen Partei. Schon zuvor hatte sich die eurokommunistisch geprägte PCI in PDS (Partito Democratico della Sinistra) umgetauft. Im Gegenzug gründete sich die kommunistische Partei PRC (Partito della Refondazione Comunista).

Mit dem Zerfall der alten, reformunfähigen Parteien und dem Auftreten der Lega Nord unter Umberto Bossi und den wiedererstarkten Neofaschisten polarisiert sich das Land gefährlich nach rechts und links zu den ehemaligen Kommunisten.

Auf deutsche Verhältnisse angewandt, wirkt ein solcher Zerfall des Parteiensystems wie Utopie. So weit möchten die wenigsten gehen. Unterschwellig hat man Angst, das Übermaß der Parteienschelte könnte sich selbst als undemokratisch, zumindest als demokratiegefährdend entpuppen. Anti-Parteien-Gefühle sind der deutschen Tradition nicht unbekannt. Sie gehören zum festen Bestandteil rechtsradikaler Ideologie und Rhetorik. In einem Flugblatt der Republikaner im Hamburger Bürgerschaftswahlkampf hieß es: »Die Kriminalität wächst oben (Altparteien und Mafia) und unten (Straßenpöbel, Autonome etc.) ... Hand in Hand mit freien und mutigen Bürgern können wir es schaffen, Mafia und Altparteien aus Hamburg zu verjagen. Unterstützen Sie den gerechten Kampf: Die Republikaner – Allein gegen die Mafia.«

Der bereits zitierte Parteienkritiker von Arnim setzt sich über solche Bedenken hinweg. Er fordert: Keine Schonzeit mehr für Parteien nach vierzig Jahren Parteienstaat. »Mußte es nach dem Zusammenbruch der Hitler-Diktatur erst einmal darum gehen, die Parteien zu etablieren, so sind sie heute wahrhaft etabliert genug. Es besteht kein Grund mehr, sie gegen Kritik zu immunisieren. Im Gegenteil: Wenn der Satz stimmt, daß Macht, soll sie nicht korrumpieren, Kontrolle benötigt, sind die Parteien heute besonders kontrollbedürftig.«[43]

Ausmaß der Politikverdrossenheit

Zur fundamentalen Kritik an den Parteien sehen viele Bürger offenbar reichlich Anlaß. Immer häufiger belassen sie es nicht bei der Kritik, sie wenden sich ab oder orientieren sich auch neu.

Macht, Einfluß, Selbstbedienung, Unfähigkeit

Was die Schwächen, insbesondere der Volksparteien, ausmacht, liest sich wie das Psychogramm einer in jeder Hinsicht alternden Organisation. Die Wahlbürger verkürzen ihre Kritik auf einige wenige, eher plakative Aspekte des Phänomens. Im Zentrum stehen die Begriffe Macht, Einfluß, Selbstbedienung, Unfähigkeit, die allesamt das demokratische, das repräsentative Ethos der Parteien in Frage stellen. In Ost und West kann man ein ähnliches Meinungsraster vorfinden, wie infas-Repräsentativbefragungen ermittelt haben (siehe Kasten rechts).

Wer meint, hierin würde sich bloß das allgemeine Ressentiment gegen Parteien niederschlagen, wie es seit eh und je existiert und den Deutschen vielleicht aus Kaiserreich oder Weimarer Zeit überliefert ist, irrt. Anfang der achtziger Jahre hatten nur zwei Fünftel, also halb so viele wie gegenwärtig, die Aussage für richtig gehalten, den Parteien gehe es nur um Machterhalt und Machterwerb. Zur Zeit der Flick-Affäre und ihrer parlamentarischen Aufarbeitung, immerhin ein erster Höhepunkt in der westdeutschen Skandalgeschichte, hatten nicht mal die Hälfte der Befragten (48 Prozent) der Aussage beigepflichtet, den Parteien gehe es eigentlich nur um Stimmen, aber nicht darum, was die Leute dächten.

Parteien im Urteil der Wahlberechtigten

Zustimmung zu den Aussagen	*Deutschland*
Parteien geht es nur um Machterhalt und Machterwerb	81 Prozent
Parteien betrachten den Staat als Selbstbedienungsladen	68 Prozent
Parteien üben in der Gesellschaft zu viel Einfluß aus	64 Prozent
Parteien sind unfähig, Probleme angemessen zu lösen	77 Prozent

Quelle: infas-Repräsentativerhebung, je 1000 Wahlberechtigte in Ost- und Westdeutschland, 1992.

Ganz zweifellos ist das Vertrauen in die Parteien als demokratische Repräsentanz des Wählerwillens in der Folgezeit tief verunsichert worden. Es war vermutlich das Fanal der Barschel-Affäre 1987, das alle Dämme brechen ließ und das politische Vertrauen für lange Zeit generell untergraben hat. Kein einzelnes Ereignis – mit Ausnahme der Reaktorkatastrophe von Tschernobyl 1986 – hatte zuvor die Bundesbürger so lange und nachhaltig bewegt. Politik sei mehr oder weniger ein schmutziges Geschäft, meinten damals 98 Prozent. 82 Prozent waren überzeugt, die Ereignisse von Kiel könnten auch andernorts geschehen. Um die Ungeheuerlichkeit zu banalisieren, Abstand zu gewinnen und auf diese Weise das Unsägliche zu verarbeiten, generalisierten die Bundesbürger diesen Skandal als einen normalen Fall im politischen Alltag. Zu vermuten ist, daß seither diese Tendenz zur Generalisierung durch immer neue Vorkommnisse weiter genährt

Ideale Eigenschaften von Politikern und enttäuschte Erwartungen
(Angaben in Prozent)

	Ideale Eigenschaft	*Vermißte Eigenschaft*
Glaubwürdig	78	43
Pflichtbewußt	73	21
Bürgernah	70	42
Sachkundig	67	21
Durchsetzungsfähig	59	47
Zukunftsorientiert	57	21
Entschlußfreudig	51	36
Ideenreich	49	26
Tolerant	49	17
Sympathisch	40	12
Ausgleichend	29	12
Sensibel	15	12

Quelle: infas-Repräsentativerhebung, je 1000 Wahlberechtigte in Ost und West, 1992.

wurde und sich dadurch als zynische Einstellung zur Politik verfestigen konnte.

Ehrlichkeit, Basisnähe, Handlungsfähigkeit

Weit klaffen Ideal- und Realbild von einem Politiker auseinander. Gefragt, was man an Politikern schätzt, und was man an den Vertretern der bevorzugten Partei zugleich besonders vermißt, schälen sich drei Syndrome heraus: Es mangelt an Durchsetzungsfähigkeit und Entschlußkraft, an Glaubwürdigkeit sowie Bürgernähe. Ehrlichkeit und Basisnähe haben dabei ähnliches Gewicht wie Handlungsfähigkeit. Die Ansprüche sind zwar hoch, die Kritik aber eigentlich gemäßigt. Politiker haben keinen Grund, sich darüber zu beklagen, von ihnen würde Übermenschliches erwartet. Vielleicht ist aber das gerade schon zu viel.

Vertrauen in Institutionen

Daß die Parteien derart im Kreuzfeuer der Kritik stehen, ist schon beunruhigend. Aber noch irritierender ist die Tatsache, daß der politische Unmut mittlerweile über die Parteien hinausgreift und auf die Einrichtungen des öffentlichen Lebens überschwappt. Das verlorene Vertrauen in die Parteien als demokratische Repräsentanten zieht die Zustimmung zu den Institutionen des Parteienstaates in Mitleidenschaft. Über viele Jahre galt das gleichsam unerschütterliche Vertrauen der Deutschen in die verschiedenen politischen und gesellschaftlichen Einrichtungen als besonderes Kennzeichen demokratischer Stabilität des Bonner Staates. Im Laufe der letzten Zeit haben in den alten Bundesländern alle diese Institutionen meßbar an Basisvertrauen eingebüßt, angefangen bei Institutionen wie dem Bundesverfassungsgericht über den Bundestag, den Bundesrat, die Bundes- und Landesregierung, über Gerichte, Polizei, Bundeswehr, Gewerkschaften und Kirchen bis hin zu Fernsehen und Presse. Nach wie vor bringt man jedoch allen Institutionen überwiegend Vertrauen entgegen, einzige Ausnahme bilden die Parteien.

In Ostdeutschland ist das Vertrauen in die vom Westen übernommenen Institutionen ohnehin weniger gefestigt. Aber hier ist der Trend nicht so durchgehend wie in den alten Bundesländern. So haben Justiz und Polizei ihre Vertrauensstellung ausbauen können, dagegen Institutionen der Legislative und Exekutive wie Bundestag, Bundesrat, Bundes- und Landesregierung Vertrauen eingebüßt. Auch gesellschaftliche Organisationen wie Kirche und Gewerkschaften sowie die Medien blieben von Vertrauensentzug nicht verschont. Einige Institutionen lösen inzwischen mehr Argwohn als Vertrauen aus. Dazu gehören neben den Parteien – eigentlich eine Errungenschaft der Revolution, aber inzwischen eben doch schon diskreditiert – der Bundestag, die Bundesregierung, die Kirchen und die Presse.[44] Dieses gemischte Bild im Osten spricht dafür, daß es sich hier eher um den Verlust politischer Illusionen handelt, nicht aber um eine Anti-System-Stimmung. Denn 83 Prozent der Ostdeutschen, im Westen noch mehr, 89 Prozent, halten die Demokratie trotz der Kälte der Marktwirtschaft, trotz Massenarbeitslosigkeit, trotz ständig steigender Lebenshaltungskosten und zunehmender Kriminalität für die beste Staatsform – aller Enttäuschung zum Trotz, so ergab eine infas-Umfrage Ende 1992.

Auf Dauer kann kein politisches System ohne ein Mindestmaß an Vertrauen in seine Institutionen auskommen. Aber wie bei der Höhe der Wahlbeteiligung fragt man sich auch hier, wo das Optimum liegen mag. Wer hauptsächlich an Stabilität und an der Funktionsfähigkeit des Regierungssystems interessiert ist, also Anhänger des Elite-Gedankens ist, argumentiert aus dieser Sicht (Output-Orientierung) – politische Eliten und politische Institutionen sollten in der Öffentlichkeit über ein hohes Vertrauenskapital verfügen. Zugleich ist dabei unterstellt, das politische System verdiene Vertrauen, weil es stets das Gemeinwohl im Sinn habe. Es gibt aber auch die gegenteilige Perspektive, von jenen vorgebracht, die politische Beteiligung als wichtigstes Qualitätsmerkmal der Demokratie ansehen. Danach muß sich das politische System daran messen lassen, ob es die ihm auf Zeit übertragene Herrschaft repräsentativ und verantwortlich für alle, nicht für wenige wahrnimmt und seine Macht auch nicht mißbraucht (Input-Orientierung). Ein kritisches Auge auf die politische Führung, auf die Verfassung der Institutionen und ihr Treiben gilt als das beste Mittel, die Regierenden zu kontrollieren. Somit wäre eine eher mißtrauische, keine ergeben zustimmende Öffentlichkeit erwünscht. Der Mittelweg ist für die Demokratie sicher am bekömmlichsten: Allgemeines Basisvertrauen, aber nicht kritiklos wie von Untertanen, Vertrauen auf Zeit, nicht auf unbestimmte Dauer, Vertrauen von den einen, Mißtrauen von anderen sowie Vertrauen zu einigen, Mißtrauen gegen andere. Erst in dieser Mischung aus Konsens und Dissens kann sich Demokratie entfalten.

In Ost und West herrscht Verdrossenheit mit dem gegenwärtigen Zustand, sie richtet sich inzwischen dosiert auch gegen politische und gesellschaftliche Einrichtungen.

Macht die Deutschen ihre eigene Verdrossenheit am verdrossensten, sind sie also übersensibel, wenn nicht gar wehleidig, um nicht zu sagen hysterisch, oder haben sie allen Anlaß, unzufrieden zu sein und den Parteien den Rücken zu kehren? Der Fernsehjournalist Wolfgang Herles hält die eine wie die andere Aussage für korrekt. »Die Deutschen sind verdrossen über sich selbst, weil sie sich schon immer, mit dramatischen Folgen aber seit 1989, in die Tasche lügen und lügen lassen.« Aber er läßt nicht gelten, die Schuld nur den Wählern anzulasten: »Die Parteien scheitern damit, ihre Versäumnisse und ihr Versagen auf die Bürger abzuwälzen ... Die Parteien nehmen sich als Maß aller Dinge. Ihre eigene Schwächung halten sie für eine moralische Schwäche der Gesellschaft.« Das Dilemma ließe sich nur überwinden durch mehr Individualität von Politikern ebenso wie von Bürgern. Ein »... individualistisches Politikverständnis definiert Führung nicht als Handeln von oben nach unten und Erwartungen von unten nach oben, sondern gibt der Mit- und Eigenverantwortung einen stärkeren Stellenwert. Demokratische Partizipation besteht, wie jede Form von Verantwortung, aus Rechten und Pflichten.«[45]

Das Ethos der Demokratie zu gewährleisten heißt demnach, nicht einfach alles treiben lassen, sondern sich einmischen.

6 Vom Einmischen zum Verweigern

Wertewandel und Verfall von Wahlnormen

Einmischen, statt sich zu verweigern, und vom Wahlrecht Gebrauch machen, so lautet heute der Appell an die verdrossenen und verstockten Nichtwähler. Durch ihre Stimmenthaltung würden sie indirekt die kleinen, insbesondere die rechtsradikalen Parteien stützen und ungewollt stark machen. Die Folge wäre eine Zersplitterung der Parteienlandschaft und in letzter Konsequenz Verhältnisse wie in Weimar.[46] Nichtwähler würden durch ihre Stimmenthaltung der Demokratie mehr schaden als nützen. In ihrem Sinne könne dies doch nicht sein. Auch das Bischofswort der katholischen Kirche zu den Wahlen 1994: »Politische Verantwortung wahrnehmen« stößt in die gleiche Richtung. Wer nicht wählen gehe, müsse damit rechnen, daß er radikale Kräfte unterstütze.
Die Nichtwähler werden indirekt als Demokratiefeinde verteufelt. Ihnen wird aufgebürdet, sich für die tadellos reine demokratische Fassade des deutschen Staates verantwortlich zu fühlen, als machten die Nichtwähler die gegenwärtige Politik, als wäre eine hohe Wahlbeteiligung allein schon ein Indiz für die demokratische Qualität eines politischen Systems. Verdrängt wird wohl, wie und wodurch in den letzten Jahren kleine Parteien stark wurden, zunächst die Grünen, später die Rechtsradika-

len, heute Parteien ähnlich der STATT Partei in Hamburg. Die mangelnde Offenheit für Umweltthemen und neue Muster politischer Beteiligung hat die Grünen etabliert; die Rechtsradikalen profitierten von der lang geführten Asyldebatte in Deutschland; die STATT Partei in Hamburg war unmittelbare Folge der von Gerichts wegen kritisierten mangelnden inneren Demokratie der Parteien, speziell der CDU. Die Defizite der großen Parteien und keineswegs die Nichtwähler haben kleine Parteien auf den Plan gerufen.

Unterstellt wird auch, daß nur die Vormacht von großen Parteien politische Stabilität verbürgen kann im Gegensatz zum verantwortungslosen Interessenegoismus der kleinen Parteien. Hinter den Appellen an die Nichtwähler steht zudem wohl die Überzeugung, Nichtwählen sei nicht nur ein unmoralisches demokratisches Fehlverhalten, sondern auch so etwas wie eine menschliche Verirrung. Zeigt man den Weg zurück, ist alles wieder in Ordnung. Eigentlich gehören von der großen Zahl der Nichtwähler die meisten ins Lager der Volksparteien, so der Meinungstenor.

Nichtwähler heute scheinen von diesem Appell an ihr demokratisches Gewissen wenig beeindruckt zu sein. Zu leicht durchschauen sie, die massive Drohung mit dem Gespenst Weimar, Handlungsunfähigkeit durch ein zersplittertes Parteiensystem[47] – so unangemessen wie falsch –, soll die Herde der Wählerschafe wieder zusammentreiben und die ehedem vertrauten übersichtlichen Verhältnisse neu erstehen lassen, obwohl man weiß, daß die verlorengegangenen Bindungen nicht einfach wieder zu reparieren sind. Nicht allein, weil sich Wähler und ihre

Repräsentanten heute so weit voneinander entfremdet haben. Was noch grundlegender ist: Immer mehr Menschen fühlen sich frei und ungebunden. Sie wollen nach eigenen Vorstellungen leben und lösen sich immer mehr von alten Normen und Konventionen. Lebensstile und Lebensphilosophien sind davon erfaßt, aber auch die lange Zeit gültigen Wahlnormen. Wenn wie in der jetzigen Stimmung das Faß überläuft, nimmt man sich die Freiheit, gegen alte Tradition und bisherige Bindung zu handeln und nein zu sagen. Die Stimmenthaltung ist das Druckmittel, eine bessere Politik einzufordern. Die Hoffnung trügt vielleicht nicht, daß auch durch Nichtwahl etwas bewirkt werden kann und durch die große Zahl der Wahlverweigerer eine öffentliche Debatte über die Legitimation von Stellvertreterpolitik in Gang kommt.
Parteien dringen mit ihren Appellen nicht mehr so durch wie früher. Sie stoßen in der Gesellschaft auf den Trend zur Individualisierung, der etwas Gegensätzliches bedeutet: mehr Individualität und Eigensinn für einige, mehr Orientierungslosigkeit und Vereinzelung für andere, mit anderen Worten: mehr Lebenschancen und zugleich mehr Lebensängste. In beiden Fällen steigen die Erwartungen an die Politik: Die Politik soll den Rahmen schaffen für ein selbstbestimmtes Leben; die Einflußmöglichkeiten müssen daher reichlicher und qualifizierter werden. Staat und Politik sollen die (Über-)Lebensangst beruhigen und Sicherheit gewähren, den orientierungslosen Menschen muß daher mehr Fürsorge und Geborgenheit geboten werden.
Sozialer Wandel und Wertewandel haben im Laufe der letzten Jahrzehnte die deutsche Gesellschaft individuali-

siert und modernisiert, im Gleichklang mit anderen wohlhabenden Industrienationen. Dabei ist die alte Bundesrepublik der ehemaligen DDR um einige Schritte voraus. Lang andauernde Erfahrung von Mangel und autoritärem Regierungsstil haben mentale Spuren hinterlassen, die durch die augenblickliche Lage kaum aufgelöst werden können: Die primäre Sorge um materielles Wohlergehen dominiert, Hoffnung auf Hilfe von oben und eine starke Führung werden erwartet.[48]

Viele Faktoren spielen zusammen, und keine Theorie kann schlüssig darlegen, was den Wertewandel verursacht hat. War es die bis dahin ungewohnte, lang andauernde Wohlstandserfahrung einer Generation, die keinerlei Mangel erleben mußte und daher im stetigen Wirtschaftswachstum neue postmaterielle Wertmaßstäbe entwickelte? Hat die Bildungsreform der siebziger Jahre, die das Bildungssystem durchlässiger machte und das Bildungsniveau anhob, intellektuell, sozial und politisch urteilsfähigere Absolventen aus den Ausbildungseinrichtungen entlassen, junge Menschen also, die selbständiger, selbstbewußter und kritischer sind? Wurde durch den wirtschaftlichen Trend weg von der industriellen Produktion hin zur Dienstleistung, durch veränderte Arbeitsbedingungen in einer elektronisierten Welt ein neues und widersprüchliches Bewußtsein von Abhängigkeit und Eigeninitiative geschaffen?

Sind die veränderten Wohn- und Lebensbedingungen, insbesondere in den Großstädten, aber auch in kleineren Orten, am Wertewandel schuld, weil sie das Leben anonymer machen und damit auch soziale Kontrolle und Verbindlichkeit von Normen abschwächen? Hat die Erfahrung, wie globale Entwicklungen etwa in der Umwelt die eigene Existenz gefährden können und das Überleben der ganzen Menschheit bedrohen, ein neues Wertebewußtsein geschaffen? Erzeugen schließlich die Medien mit ihrer Ersatzkommunikation wechselnde Moden und setzen langfristig neue Wertmaßstäbe? Werden sich überhaupt durch die weiter fortschreitende Computervernetzung in der Kommunikationswelt Wertvorstellungen ändern, indem sie den Menschen als souveränen Individualisten und zugleich manipulierbares Objekt voraussetzen?

Alle diese Faktoren wirken zusammen und haben zu einem Wertewandel geführt. Dies gilt verstärkt für moderne Gesellschaften, in denen sich bereits ein selbstverständlicherer Umgang mit der Vielfalt elektronischer Medien etabliert hat. So bemerkt der Public-Relations-Experte der Bertelsmann AG, Manfred Harnischfeger, »... mit der Entmythologisierung [der Medien] einerseits geht zweifellos ein zunehmender Einfluß andererseits einher, der nicht nur durch die Vermehrung von Medienangeboten herbeigeführt wird, sondern auch durch den parallelen, rapiden Verfall des Einflusses traditioneller, werte- und sinnstiftender Instanzen in unserer Gesellschaft, wie Familie, Elternhaus, Schule und Religionsgemeinschaften.«[49]

So vielfältig die Ursachen für den Wertewandel sind, so einig ist man sich doch über Richtung und Dimensionen. Materialistischem Streben setzt sich postmaterielles Denken entgegen. Das Ziel wirtschaftlicher und sozialer Sicherung, äußerer und innerer Sicherheit konkurriert mit der Forderung nach Selbstverwirklichung, Emanzipation,

Mitsprache und Demokratisierung. So stehen von außen gesteuerten, früher viel maßgeblicheren Pflicht- und Akzeptanzwerten heute auch stärker innengeleitete Selbstentfaltungswerte gegenüber. Auf der einen Seite gilt als Richtschnur des Handelns: Bescheidenheit und Genügsamkeit, Disziplin, Selbstkontrolle und Pflichterfüllung, aber auch Unterordnung unter Autoritäten, Hang zu Konformität und Akzeptanz von Konventionen. Auf der anderen Seite sind die Leitbilder: Unabhängigkeit, Verhaltensfreiheit und Toleranz, Selbstbestimmung statt Fremdbestimmung, aber auch Lebensgenuß und Lustgewinn.[50]

Träger des Wertewandels waren in erster Linie die gut ausgebildeten, jüngeren Bevölkerungsschichten. Sie engagierten sich nachdrücklich für die neuen Werte und setzten dem alten als autoritär empfundenen Wertekanon das Prinzip der Selbstverwirklichung und Selbstbestimmung entgegen. Das ausgeweitete Bildungssystem mit seinen höheren Bildungsabschlüssen hatte ihnen mehr Chancen zu einem kritischen und souveränen Umgang mit Informationen eröffnet und damit die selbstverständliche Bindung an die vorherrschenden Werte und Normen gelockert.

Wertewandel reflektiert also auch den Prozeß, wie neben die »externe Mobilisierung« – die lebenslange Prägung durch Schicht, Milieu, kulturelles Umfeld – eine »kognitive Mobilisierung« tritt – die zunehmende Selbstbestimmung durch Bildung, Aufklärung, persönliche Präferenzen. Kognitiv mobilisierte Menschen sind natürlich nicht nur kritischer und individualistischer, sondern auch wählerischer. Sie verfügen über größere soziale und politi-

sche Kompetenz, unabhängig und nach eigenem Urteil zu handeln und zu entscheiden.
Ende der sechziger Jahre hatte die Studentenbewegung den Protest gegen das etablierte System eingeleitet. »Die Bundesrepublik erlebte damals ihre erste Totalopposition. Kultur, Kleidung, Kindererziehung, Sexualität, Partnerschaft – alle diese bis dahin als privat geltenden Bereiche wurden politisiert und zum Gegenstand der Konfrontation mit der älteren Generation gemacht ... Die Studentenbewegung fühlte sich moralisch und intellektuell einer Gesellschaft überlegen, die sie als von Meinungsbildungsmonopolen entmündigt und nur mit der Schaffung und Sicherung des eigenen Wohlstands beschäftigt sah.«[51] So erinnert sich zwanzig Jahre später der CDU-Politiker Ulf Fink.
Umfragen aus den fünfziger Jahren bis in die heutige Zeit zeichnen nach, wie dramatisch sich die Wertvorstellungen geändert haben. Selbständigkeit und freier Wille, also die Erziehung zur Individualität, gelten heute fast zwei Dritteln als Erziehungsideal. Früher vertraten nur zwei Fünftel diese Auffassung. In den fünfziger Jahren unterstützten an die 30 Prozent Unterordnung und Gehorsam als Erziehungsprinzip, an dieser Maxime halten heute nur noch zehn Prozent fest.
In diesen veränderten Wertorientierungen spiegelt sich nicht nur eine gewandelte Haltung gegenüber gesellschaftlicher und politischer Autorität, sie begründen auch, warum man heute Normen und deren Verbindlichkeit ablehnt, die man nicht mehr für sinnvoll und legitim hält. Dem eigenen Selbstverständnis ist dann Genüge geleistet, wenn man sich dem, was intolerabel ist, indivi-

duell widersetzt. Die Palette des Verhaltens kann dabei weit reichen, von zivilem Ungehorsam über kalkulierte Regelverletzung bis hin zur Anwendung tabuisierter Gewalt. Varianten, die dazu zählen, sind aber auch Verweigerung und Wahlboykott. Natürlich handeln nicht alle nach dem, was sie als richtig erkannt haben, vor allem auch nicht immer.

Daß sich heute mehr Wahlberechtigte denn je der Wahlnorm entziehen und Wählen nicht mehr wie frühere Generationen als Pflicht auffassen – Reaktion auf eine schlechte Politik, auf schlechte Politiker, auf mangelnde politische Einflußmöglichkeiten –, daß also die Zahl der konjunkturellen Nichtwähler zugenommen hat, ist somit auch Resultat des allgemeinen Wertewandels und seiner Ursachen. In Ostdeutschland brauchte man sich von Wahlnormen erst gar nicht zu befreien. Gleichgültig, ob man aus aktuellem Anlaß protestiert oder grundsätzlich etwas am Zustand der Demokratie ändern will, man argumentiert aus individualistischer Sicht, die postmaterielles Denken in die Gesellschaft getragen hat. Selbst die aggressiv-apathischen Nichtwähler begründen ihr Ressentiment gegen »die da oben« in dieser Weise.

Das Neue im Vergleich zum postmateriellen Vorgehen ist aber die veränderte Stoßrichtung und die paradox erscheinende Strategie. Mehr Möglichkeiten, Einfluß auszuüben, verspricht man sich nicht vom Einmischen und Mitmachen, sondern durch Verweigerung. Es scheint so, als hätten Nichtwähler intuitiv begriffen, welche Funktion ihnen im Wahlsystem zukommt.

Mitmischen mit unkonventionellen Methoden

Einmischen, mitmischen und aufmischen, um etwas zu bewirken und zu ändern, nach diesem Impuls handelten die neuen sozialen Bewegungen in den letzten zehn, zwanzig Jahren. Sie hatten genug von der »Stellvertreterpolitik«, ähnlich wie Nichtwähler heutzutage, aber im Unterschied zu heute hieß ihre Devise damals eigenes Engagement. Eine andere, neue Politik sollte angesteuert werden, vor allem gegen einen Kurs, in der der Staat das materielle Wirtschaftswachstum zum allgemeinen Credo erhoben hatte.

Als gemeinsames Band der neuen sozialen Bewegungen galt ihre postmaterielle Wertorientierung. Sie sind undogmatisch, spontan, anti-technokratisch und anti-bürokratisch, neigen zu unkonventionellen und provokativen Formen des Protests. Soziale Bewegungen haben natürlich immer auch die Legitimität von Machtverteilung und sozialer Ordnung angezweifelt, gleichgültig, was ihre inhaltlichen Ziele waren, ob sich der Kampf drehte um die Rechte der Frauen und Mädchen, um Umweltschutz oder Frieden, gegen Atomkraft, um Randgruppen wie Schwule und Lesben und in Selbsthilfegruppen.

Von den neuen sozialen Bewegungen geht die Erfahrung aus, daß politische Beteiligung Aufmerksamkeit verschafft und auch ungewohnte Formen des politischen Protests legitimiert, wenn die Kritik an gesellschaftlichen und politischen Mißständen sonst kein Gehör findet. Nach der Studentenbewegung lernte die Bundesrepublik mit den neuen sozialen Bewegungen weitere provozierende Formen des politischen Protests kennen: Häuser-

besetzungen, Verkehrsblockaden, Sit-ins, ungenehmigte, auch gewalttätige Demonstrationen, Einschüchterung von politischen Gegnern bis hin zum Straßenkampf, wilde Streiks und Hungerstreiks, Menschen- und Lichterketten, Mahnwachen, Selbsthilfegruppen, Boykott von Läden, Marken oder Herstellern und Graffiti-Parolen an Häuserwänden.
Galten die neuen sozialen Bewegungen anfangs als ein Krisensignal, das vor Fehlentwicklungen der Politik Alarm schlägt und einen Kurswechsel erzwingen will, haben sie inzwischen eine merkwürdige Umdeutung erfahren. Sie sind von der politischen Kultur vereinnahmt worden. Damit wurde auch ihr unkonventioneller Stil entschärft. Als furchterregender Rest blieben die Autonomen übrig. Manche unter den kritischen Nichtwählern, zum Beispiel die sich verweigernden Frauen, mögen nicht mehr in dieser Art mitmachen, für andere wäre dieser Stil ohnehin indiskutabel.
Längst haben die sozialen Bewegungen das Schreckhafte aus ihrer Anfangszeit verloren, sind in die alltägliche politische Normalität eingeordnet worden. Waren vor zehn oder fünfzehn Jahren Häuserbesetzungen etwas, was die Hausbesitzer und Bürger schockierte, findet derartiges heute kaum noch Aufmerksamkeit. Die Hamburger Hafenstraße, vor zehn Jahren noch ein Skandal, ist heute eher eine Touristenattraktion. Möglicherweise hängt diese Normalisierung damit zusammen, daß ihr ursprünglich radikaldemokratisches Pathos, die anti-elitäre, auf Selbstbestimmung und Selbstentfaltung abzielende Grundhaltung, ihr provozierendes Auftreten auch als Formel und Outfit gut war für eine profane Nutz-

anwendung, sei es als Anleitung für den Ego-Trip, als Erfolgsrezept in Managementkursen, für die psychologisch einfühlsame Werbeansprache ebenso wie für die Gestaltung von hedonistischen oder auch partnerschaftlichen Lebensstilen. Mit anderen Worten: Die Forderung, sich einzumischen, pervertierte schnell in den entpolitisierenden Anspruch, sich einzubringen. Postmaterialismus hat eben auch eine konsumorientierte und egozentrische Schlagseite.
Unter dem Druck der Studentenbewegung und der Außerparlamentarischen Opposition (APO) entwickelte sich die formale Demokratie auf deutschem Boden zur streitbaren Demokratie und veränderte und bereicherte damit die gesamte politische Kultur. Auch in der DDR formierten die Bürger in den Tagen der Revolution Oppositionsgruppen wie Neues Forum, Demokratischer Aufbruch, Demokratie Jetzt, die Grünen, die Vereinigte Linke. Sie organisierten im Schutzraum der evangelischen Kirche ihre Protestaktionen, leisteten Widerstand gegen die Staatsgewalt und sammelten praktische Erfahrungen als streitbare Demokraten.
Diese Gemeinsamkeit schlägt sich auch nieder in Befragungen zur Bereitschaft, sich mit Blick auf bestimmte politische Ziele politisch zu engagieren, sei es in konventionellem Rahmen oder mit provokativen Formen. Befragungen dieser Art messen natürlich kein effektives Verhalten; sie lassen lediglich erkennen, welche Aktionsformen akzeptabel erscheinen. Die Wahlbeteiligung gilt dabei noch immer den meisten, aber längst nicht mehr den allermeisten, als ein probates Mittel zur Durchsetzung und Erreichung von politischen Zielen. Die Prozent-

Formen der politischen Beteiligung
(Angaben in Prozent)

	Ost	*West*
Konventionelle politische Beteiligung		
Sich an Wahlen beteiligen	65	73
Mitarbeit in einer Bürgerinitiative	36	43
Unterschriften sammeln	40	41
Sich in Versammlungen an öffentlichen Diskussionen beteiligen	44	36
Teilnahme an einer politischen Diskussion	40	35
In eine Partei eintreten, aktiv mitarbeiten	11	24
Unkonventionelle politische Beteiligung		
Teilnahme an einer verbotenen Demonstration	4	6
Dem eigenen Standpunkt Nachdruck verleihen, auch wenn es dabei zu direkter Konfrontation mit Polizei und Staatsgewalt kommt	4	5
Für eine Sache kämpfen, auch wenn dazu Gewalt gegen politisch Verantwortliche notwendig ist	4	4
Hausbesetzung, Besetzung von Fabriken, Ämtern	4	4
Beteiligung an wilden Streiks	2	4
Bei einer Demonstration richtig Krach schlagen, auch wenn dabei einiges zu Bruch geht	2	2

Frage: Wenn Sie persönlich in einer Sache, die Ihnen wichtig ist, Einfluß nehmen, Ihren Standpunkt zur Geltung bringen wollen: Welche Möglichkeiten … würden Sie dann nutzen?

Quelle: Mattias Metje, Hildegard Cramer, Einstellungen der Bundesbürger zu Fragen der inneren Sicherheit, EMNID-Institut, Dezember 1992, zitiert nach: Wochenschau 3/4, Mai-August 1993.

zahlen schwanken zwischen vier Prozent, die bei Aktionen mitmachen würden, in denen es auch zu Gewalttätigkeit gegen politisch Verantwortliche kommen könnte, und sechs Prozent, die an einer nicht genehmigten Demonstration teilnehmen würden. Gewalt gegen Sachen anzuwenden oder bei wilden Streiks mitzustreiken, dazu sind wenige bereit.

Konventionelle politische Beteiligung kommt für weit mehr Menschen in Betracht – theoretisch wenigstens. Dabei unterscheiden sich Ost und West eher im letzteren. Nach verlorenem Idealismus und enttäuschten Illusionen über die Möglichkeiten der Demokratie – Wahlkampfversprechen halten die meisten (87 Prozent) für falsch oder gebrochen – möchten sich die Ostdeutschen weniger an Wahlen beteiligen. Sie wollen seltener in Parteien oder Bürgerinitiativen mitarbeiten. Dafür sind sie in ihrem Leidensdruck diskussionsfreudiger als die Westdeutschen.

Mit »Partizipatorische Revolution«[52] wurde umschrieben, was sich seit den siebziger Jahren an engagierter politischer Teilnahme entwickelt hat. Freilich sind es auch heute nur Randgruppen, die aktiv mitmachen. Heute kann man zwei anscheinend gegenläufige Trends beobachten, die keinesfalls ein Widerspruch sind, sondern in Wirklichkeit sich gegenseitig aufschaukeln: erhöhten Partizipationsdrang und zugleich Rückzug von den institutionalisierten Formen politischer Beteiligung.

Partei der Nichtwähler – eine Bewegung ohne Bewegungsbewußtsein

Wenn sich junge Menschen, aber nicht nur sie, bei einer Vielzahl von Gelegenheiten engagieren und sich an politischen Aktionen beteiligen, von Greenpeace bis zur Bosnienhilfe, von Stadtteilprojekten bis zu Hilfsaktionen in der Dritten Welt, und wenn zugleich die Wahlquote gerade bei den jungen Leuten ständig sinkt, kann man wohl kaum von einer Entpolitisierung sprechen. Eher ist hier zu vermuten, daß der Anspruch an die Qualität politischer Beteiligung gestiegen ist, und die Stimmabgabe dabei als ein nur unzulängliches Instrument angesehen wird, das zum Ausdruck zu bringen, was man möchte.

In der Tat gibt es auch wenig Anzeichen für eine Entpolitisierung. Das Interesse an den Dingen des Lebens, die alle angehen, die also politisch sind, ist im Laufe der Jahre generell gestiegen. Mitte der fünfziger Jahre brachten weniger als 30 Prozent Interesse für Politik auf, heute sind es um die 70 Prozent in West wie in Ost, die zumindest mit einigem Interesse die Ereignisse in der Politik verfolgen. Diese Beobachtung fügt sich zu Ergebnissen der Hörer- und Zuschauerforschung. Nachrichtensendungen sind – gemessen an Einschaltquoten – populär und gelten als unterhaltsam. Mehrere Zeitungen mit politischem Magazincharakter wurden in letzter Zeit gegründet und behaupten sich mehr oder weniger erfolgreich am Markt. Nichtwähler nehmen allerdings tendenziell weniger an Politik teil, so zeigt die schon erwähnte Stuttgarter Untersuchung. Danach stuften sich 40 Prozent der Nichtwähler

auf einer siebenstufigen Skala als politisch sehr interessiert ein, dagegen 67 Prozent der Wähler.[53]
Der Trend zur Wahlenthaltung hat gleichwohl am wenigsten mit wachsendem politischem Desinteresse zu tun, vielmehr mit größerer politischer Sensibilisierung. Ist dies nur Ergebnis von mehr und besserer Information durch die Medien? Sie leisten dazu einen großen Beitrag, wenngleich auch sie als Teil unseres gesellschaftlichen Systems agieren, zwischen Informationsvielfalt und Programmauftrag einerseits, Auflagen-, Hörer- und Zuschauerquoten andererseits. Die Dualisierung des Rundfunksystems hat auf der Angebotsseite vor allem die Unterhaltungsfunktion des Mediums Fernsehen verstärkt, nicht allein durch die zunehmende Zahl von Programmen. Vom Kampf um Gunst und Marktanteile profitiert denn auch ein Trend zum Mainstream, zur Präsenz privat-politischer Ereignisse im Informationsangebot sowie zur Vermischung von informierenden und unterhaltenden Sendeformen. Neben Affären und Skandalen, Katastrophen und Sensationen finden Alltagsereignisse aus dem Sex-and-Crime-Milieu vermehrt Einzug in das Informationsangebot. Mit der Reality Show ist dies in jüngster Zeit um eine Sendungsgattung ergänzt worden, die vorwiegend extreme Alltagserlebnisse einzelner als gesellschaftlich relevante Geschehnisse präsentiert.
Entscheidenden Anteil an der Politiksensibilisierung für das Alltägliche, wie es die Medien zunehmend spiegeln, hatten die neuen sozialen Bewegungen, insbesondere auch die Frauenbewegung. Mit ihrer Losung: »Das Politische ist privat – das Private politisch« haben sie ein neues Politikverständnis propagiert, das alles mit umfassen soll-

te, was auch außerhalb von Institutionen abläuft und für die einzelnen, den einzelnen in unmittelbarer Nähe erfahrbar wird. Die formal organisierte Politik bekam Konkurrenz durch eine Politik des Alltags, durch Demokratie von unten, durch das Motto: »Wir machen unsere Politik selber«. Die Politik von unten stellte sich durch die Nähe zu den Problemen, die Nähe zu den Menschen, die Nähe zu den Folgen von Maßnahmen vielfach als kompetenter heraus als die professionelle Politik der Stellvertreter. Nicht mehr die hohe Politik blieb der Maßstab für Qualität, sondern die Resultate an der Basis. Teils bewußt, teils unbewußt hat sich der neue Politikbegriff längst als eine Erwartungsnorm in den Köpfen festgesetzt und für die Qualität von Politik im ganzen sensibilisiert.

Wenn man so will, kann man in den neuen sozialen Bewegungen den bewußt politisierten Vorläufer zu der heutigen Bewegung der Nichtwähler sehen. Freilich ist das eine Bewegung nicht im theoretischen Sinn, denn sie verfügt weder über einen organisatorischen Kern noch über irgendein gemeinsames Programm, formuliert weder gemeinsame inhaltliche Ziele, noch ist sie sich im Profil ihrer Mitstreiter ähnlich.

In der Partei der Nichtwähler sammeln sich alle möglichen, ganz unterschiedlichen Gruppen, scheinbar zufällig zusammengewürfelt: Ob sie dies beabsichtigen oder nicht, die Nichtwähler sind das Trojanische Pferd bei der Inszenierung des Wahlmarathons 1994. Sie attackieren die Routine des Politikbetriebs und stellen ihn letztlich in Frage – als politisch mündige Bürger.

Das Lager der Nichtwähler bietet ein in sich chaotisches und widersprüchliches Bild, so daß alles zu fehlen scheint, was normalerweise ein politisches Lager zusammenhält und handlungsfähig macht. Ohne es zu wissen und zu wollen, ohne irgendwelche Organisation und öffentliche Debatten, haben sich aber die Nichtwähler auf ein strategisches Ziel geeinigt, das alle verfolgen: Sie inszenieren durch ihr zahlenmäßiges Gewicht und durch die Vielzahl ihrer Motive das Ende der bisherigen Stellvertreterpolitik.

7 Zwischen Demokratisierung und Radikalisierung

Mobilisierungsreservoir für rechtsradikale Parteien

Sieht man die Nichtwähler in der Rolle eines Katalysators in der Demokratie, heißt dies natürlich nicht, vom Lager der Nichtwähler könnten keine antidemokratischen Impulse ausgehen. Als Block irritieren die Nichtwähler – vor allem wenn ihre Zahl wie in der jüngeren Vergangenheit wächst – das demokratische Selbstverständnis; denn sie dekuvrieren durch ihre Verweigerung den demokratischen Schein der Vertreterpolitik und zwingen die Parteien, an sich selbst zu erforschen, was sie falsch machen und was falsch läuft. Damit können Nichtwähler eine Selbstreinigung in der Parteiendemokratie bewirken.
Nichtwähler sind aber auch ein unkalkulierbarer Treibsand im Wahlsystem. Amerikanische Demokratietheorien sahen darin eine besondere Gefahr und warnten daher vor hoher Mobilisierung. Wenn sich die zuvor Gleichgültigen und Systemzufriedenen plötzlich an die Wahlurne begeben, sei dies ein Indiz für labile Krisenstimmung und ein Alarmsignal.
Zugespitzt beschreibt der Soziologe Elmar Wiesendahl diese Haltung: »Nichts sitzt bei demokratischen Elitisten tiefer als die Überzeugung, der Durchschnittsbürger interessiere sich nicht für und verstehe auch nichts von Politik. Seine Domäne ist der Privatbereich, wo er mit sich

selbst genug zu tun hat, währenddessen Politik ihn kalt läßt, für ihn undurchschaubar bleibt und er sich nicht zu artikulieren vermag. Problematisch wird es denn auch, wenn er die ihm auf den Leib zugeschnittene Rolle des passiven Zuschauers und Konsumenten ablegt und sich mit seiner unzureichenden intellektuellen Ausstattung und nicht demokratiekonformen Überzeugungen in die politische Arena begibt.«[54] Würden die Massen erst einmal von einer breiten Politisierungswelle erfaßt, so interpretiert Wiesendahl die Argumente der »Elitisten«, drohe ihnen Anfälligkeit für totalitäre Massenbewegungen und Demagogen. Verbreitete Massenapathie stabilisiere das System und sei deshalb wünschenswert. Erhöhte Mobilisierung gefährde es und sollte daher möglichst nicht angestrebt werden. Der Aufstieg von Hitler und der NSDAP gilt als treffender Beleg für diese Sichtweise.

In der Polemik von Wiesendahl gegen die »Elitisten« wird man heute weniger ein Stück Realität erkennen als vielmehr ein Plädoyer für die politische Intelligenz der »Normalbürger« heraushören, zugleich eine Warnung an die politischen Eliten, bei Strafe des Legitimitätsentzugs diese Intelligenz nicht zu unterschätzen. Keine Frage, die meisten verfügen heute – nicht zuletzt dank der Vielfalt der Medien – über ein Maß an kognitiver Kompetenz, das ihre politische Urteilsfähigkeit einigermaßen fundiert. Aber dies sichert nicht gegen demokratiefeindliche Tendenzen. Sonst nur latent, können solche Strömungen in Krisenstimmung virulent werden und an die Oberfläche treten. So zeigen Wahlergebnisse aus der jüngeren Vergangenheit, daß sich Nichtwähler unter bestimmten Bedingungen, bei bestimmten politischen Parteienangebo-

ten, statt sich zu verweigern, für diese Parteien entscheiden, sich also radikalisieren lassen und damit die Demokratie herausfordern.
Ein Beispiel dafür ist die Europawahl 1989. Bundesweit kamen die rechtsradikalen Parteien auf zusammen 8,7 Prozent (Republikaner 7,1 Prozent; DVU 1,6 Prozent). Zusammen erhielten sie fast 2,5 Millionen Stimmen. Davon stammten knapp 900 000 aus dem Lager der früheren Nichtwähler. Gegenüber der Vorwahl 1984 war die zuvor extrem niedrige Wahlbeteiligung um 5,5 Punkte auf 62,3 Prozent gestiegen, vor allem in den beiden süddeutschen Bundesländern Bayern (+ 14,9 Punkte) und Baden-Württemberg (+ 10,2 Punkte). In beiden Bundesländern waren die Republikaner und DVU mit zweistelligen Anteilen besonders erfolgreich. Bei nur 34 Prozent der Wahlberechtigten verschafften die beiden Südländer den neuen Rechtsparteien fast 55 Prozent ihrer Wählerstimmen. Das Thema Europa hatte diejenigen besonders emotionalisiert und mobilisiert, die den Argumenten der Anti-Europa-Parteien folgten. Radikalisierung nach rechts war das Ergebnis.[55]
Es zeigte sich, daß das Wählerpotential der neuen Rechtsparteien zwei Gesichter hat: Darin mischen sich politisch-sozialer Protest und ein Bekenntnis zu reaktionär-autoritärer Weltanschauung. Zu vermuten ist, daß die Rechtsparteien insbesondere die aggressiv-apathischen Nichtwähler anzusprechen vermochten, einmal in ihrem Ressentiment gegen »die da oben«, aber auch in ihren berechtigten Existenzsorgen.
Die Rechtsparteien integrierten dabei auf den ersten Blick widersprüchliche Strömungen und Gefühlslagen im Hin-

blick auf ökonomische Situation und psychologische Motivation. Die einen fühlten sich durch Umverteilung und Sozialstaatlichkeit in ihrem Besitzstand offenbar bedroht, die anderen hatten – als Opfer der Zwei-Drittel-Gesellschaft – wenig zu verlieren. Nationalistische Töne und Angst vor Überfremdung motivierten die einen, soziale Nöte, Angst vor Deklassierung und Verdrängung dominierten bei den anderen. Protest und Frustration mochten ganz unterschiedliche Ursachen haben, gemeinsamer Nenner war das starke Gefühl von Verunsichung gegenüber einer im ganzen immer unkontrollierbareren Welt, symbolisiert in der Brüsseler Eurobürokratie und ihrer Willkür, und zugleich hatte die Entfremdung gegenüber jenen, den Volksparteien, die in dieser Unsicherheit von der Zukunft Europas sprachen, aber selbst keine politische Heimat mehr bieten. So glaubte man lieber den griffigen anti-europäischen Formeln und Scheinlösungen, die die Rechtsparteien propagierten: »Erst Deutschland, dann Europa« oder »Die Türkei den Türken, Deutschland den Deutschen« (DVU). Bei den Republikanern hieß es, man müsse stolz sein dürfen, ein Deutscher zu sein, eine multinationale Gesellschaft sei auf deutschem Boden unerwünscht, nationale und regionale Kompetenzen dürften nicht nach Europa abgegeben werden.

Der Schritt nach rechts fiel offenbar um so leichter, als es bei der Entscheidung zum Europaparlament nicht um das nationale Schicksal geht. Keine Regierung wird gewählt, keine Opposition installiert. Eine ideale Gelegenheit, dem Protest freien Lauf zu lassen, aber auch ein idealer Lernort für Experimente mit der Stimmabgabe. Bisherige

Europawahlen gerieten so immer zu einer Abrechnung mit der nationalen Politik und der nationalen Regierung. Zugleich stießen sie Neuentwicklungen in der Parteienlandschaft an.[56]

Die Europawahl 1989 mit ihrer Mobilisierung von Nichtwählerstimmen für die Rechtsparteien war kein Einzelfall. Bei einer Reihe von Landtagswahlen seit der Bundestagswahl 1990, in Bremen 1991, Baden-Württemberg und Schleswig-Holstein (beide 1992), gelangten die Rechtsradikalen mit Hilfe der mobilisierten Nichtwähler in die Parlamente. Ohne deren Stimmen hätten sie es kaum geschafft. In Baden-Württemberg waren es fast 140 000 Stimmen, in Schleswig-Holstein gut 90 000 Stimmen. Lediglich in Bremen war die Wanderung von einer Partei zu den Rechtsradikalen, in diesem Fall von der SPD zur DVU, vom Volumen her bedeutsamer als die Mobilisierung von Nichtwählern.[57]

Wenn die Wahlbeteiligung steigt, werden automatisch die Volksparteien gestärkt; diese landläufige These, nach der die großen Parteien handeln, wenn sie die Nichtwähler kollektiv zur Stimmabgabe auffordern, fand in dieser simplen Form keine Bestätigung. Wollen Parteien, insbesondere die Volksparteien, zu ihren Gunsten mobilisieren, müssen sie schon zielgerichteter vorgehen und dort die Wahlmotivation verbessern, wo sie strukturell über größere Bastionen verfügen, diese aber nur unzulänglich ausschöpfen: Die Union etwa in ländlich-katholischen Gebieten, die SPD etwa im Ruhrgebiet. Voraussetzung wäre in jedem Fall aber eine feingegliederte, regionalstatistische Wahlanalyse, die die theoretischen Mobilisierungsreserven ermittelt.

Krisenerfahrung und Radikalisierung

Schon in den sechziger Jahren, als erstmals wieder mit der NPD eine rechtsextreme Partei in deutsche Landesparlamente gelangte, bezeichnete der Wahlsoziologe Erwin Scheuch die Renaissance des Rechtsradikalismus zwanzig Jahre nach dem Dritten Reich als Symptom einer »normalen Pathologie freiheitlich verfaßter moderner Industriestaaten«.[58]

Damit ist folgendes gemeint: Wirtschaftliche Krisen lösen Existenzängste aus und aktualisieren latente Strömungen im Bewußtsein der Gesellschaft. Sie lassen auf ein autoritär-reaktionäres Politikverständnis regredieren, das wie eine Art Immunschwäche stets untergründig im Haushalt der Nation vorhanden ist, aber bestimmte Bedingungen braucht, um hervorzubrechen. Die These von der strukturellen Normalität rechtsextremer Tendenzen versucht zu erklären, wieso die Mobilisierung für rechtsradikale Parteien in großen Wellenlinien und Schüben verläuft: Über viele Jahre hinweg tendiert das Rechtspotential gegen Null, geradezu epidemisch ist mit einem Mal ein Zulauf zu den rechtsradikalen Parteien zu verzeichnen, um dann vielleicht wieder erneut abzuflauen.

Zweierlei impliziert die These von der normalen Pathologie: Als Reaktion auf Krisenerscheinungen ist Rechtswahl für die Mehrheit vermutlich eine Protestwahl; Rechts- und Protestwahl sind situativ, also nur zeitweilig. Als Scheuch seine These entwickelte, befand sich die Bundesrepublik in der ersten schweren Wirtschaftsrezession seit dem Wiederaufbau mitsamt seinem Wirtschaftswunder, und auch politisch erlebten die Deutschen eine

Ausnahmesituation, eine bewegte Zeit. In Bonn herrschte die Große Koalition, dagegen agitierte die Außerparlamentarische Opposition (APO), und die NPD lief Sturm gegen die ersten Vorläufer einer Ost-West-Entspannungspolitik. Die politischen Wogen glätteten sich mit dem Machtwechsel in Bonn 1969, die Wirtschaft kam wieder in Schwung, die NPD verschwand aus allen Landtagen und zog sich zurück in eine Randexistenz.

Die Untersuchungen zum Rechtsextremismus heute vermuten im Gegensatz zu Scheuch weniger situative als stärker strukturelle Gründe als Ursache für den neuerlichen Rechtsruck. Die Abdrift nach rechts ist in dieser Perspektive kein bloßes Protestphänomen, das schnell wieder abebben wird, sie ist vielmehr Folge der gesellschaftlichen Modernisierung und ihrer Dialektik, die Gewinner und Opfer hervorbringt und eine dauerhafte Spaltung bewirkt. Es wird gern in diesem Zusammenhang von einer Zwei-Drittel-Gesellschaft gesprochen.

Wen der schnelle soziale und ökonomische Wandel benachteiligt, der entwickelt Angst- und Abwehrmechanismen. Ältere Arbeitnehmer, die »freigesetzt« und nicht mehr gebraucht werden, können davon betroffen sein ebenso wie junge Menschen, denen der Einstieg ins Erwerbsleben nicht gelingt, weil sie keine Arbeit finden oder fehlqualifiziert sind. Von Statusverlust und sozialem Abstieg bedroht sind aber auch Arbeitnehmer in schrumpfenden Industriebranchen, in ganzen Regionen, etwa im Osten, der sich schrittweise deindustrialisiert hat. Zu denken ist hier an die Braunkohlestandorte um Halle beziehungsweise Leipzig sowie in der Lausitz, die Chemiewerke im Revier um Halle, Bitterfeld, Wolfen, Merseburg, die Stahlproduktion in Brandenburg, Eisenhüttenstadt, Hennigsdorf, die Auto-Herstellung in Zwickau, die elektronische Industrie in Dresden, Chemnitz, Erfurt. Auch in Westdeutschland wurden einige hunderttausend Arbeitsplätze im Bereich Kohle, Stahl und Schiffsbau aufgrund der Absatz- und Strukturkrise abgebaut. Mittlerweile geht es nicht nur um absterbende Industrien, auch bislang florierende Branchen und Unternehmen, Auto-Produktion, Maschinenbau, Haushaltsgeräte, elektronische Geräte und Rüstungsindustrie, rationalisieren ihre Betriebe und entlassen Mitarbeiter, unabhängig von deren Qualifikation.

Haben früher Familie oder Nachbarschaft, die Lebensgemeinschaft in Vereinen oder Organisationen Menschen in derartigen Existenzkrisen sozial und psychologisch aufgefangen, so sind sich die meisten heute selbst überlassen, einen Ausweg aus dieser Lage zu finden und sich zu fragen, wie sie überhaupt ihr massenhaftes Schicksal deuten sollen, als eigenes Versagen, als Versäumnis von Staat, Politik, Wirtschaft, als Schuld von anderen, zum Beispiel von Ausländern, die auf Kosten der Deutschen hier leben? Rechtsextreme Argumentation mit ihren scheinlogischen Verknüpfungen von Ursachen und Wirkungen findet hier ein Einfallstor. Dazu schreibt der Soziologe Konrad Schacht: »Rechtsextremismus kann dann als eine Strategie interpretiert werden, mit Ängsten und Orientierungskrisen fertig zu werden. Rechtsextremes Wahlverhalten kann als eine Form des sozialen Protests gegen Benachteiligung im Strukturwandel gelten, wenn andere Formen der Erzeugung von Druck nichts mehr bewegen. Rechtsextremes Verhalten wäre dann durchaus eine rationale Kom-

munikationsstrategie betroffener Gruppen, die sonst zur Sprach- und Einflußlosigkeit verurteilt wären.«[59]
Da es noch lange dauern wird, bis sich die Wirtschaft an die neuen Vorgaben – diktiert durch den Binnenmarkt Europa, von der japanischen und amerikanischen Konkurrenz in der Spitzentechnologie, durch den Wettbewerb mit den Billiglohnländern – angepaßt hat, werden sich Bewußtsein und Verhalten auch langfristig auf die Krise einstellen. Rechtsextremismus hat damit auch einen dauerhaften Nährboden und ist deshalb nicht mehr als bloß vorübergehender Protest zu verstehen. Mit dem modernen Rechtsradikalismus differenziert sich das Parteiensystem auf »Fünf-plus-mehr-Parteien« aus. Es ist nicht zu sehen, wie sich dieser Vorgang schnell wieder umkehren ließe.
Wer sich als Opfer im Modernisierungsprozeß enttäuscht von den Parteien abwendet, weil er in seiner Situation nichts von ihnen zu erwarten hat, braucht nicht länger im Lager der Nichtwähler zu resignieren und über seine Ohnmacht zu sinnieren. Er findet in den neuen Rechtsparteien eine Chance, seine Interessen zu artikulieren und zu verteidigen. Über die neuen Rechtsparteien kann somit ein Teil der frei flottierenden Nichtwähler als Krisenwähler politisch gebunden werden.

Verlauf der Krisenstimmung in den letzten Jahren

Welches Ausmaß die derzeitige Krisenstimmung im Osten wie im Westen angenommen hat, läßt sich rückblickend erst richtig abschätzen.[60]

Auch zu Beginn der achtziger Jahre – das Ende der soziallliberalen Ära nahte – durchlebte die westdeutsche Bevölkerung eine schwere wirtschaftliche und politische Krise. Die gesamten Wirtschaftsperspektiven sanken steil ab: für den privaten Haushalt, für die allgemeine Lage, für den Arbeitsmarkt. Die verschärfte Krisenstimmung weichte auch das Vertrauen in die Stabilität der politischen Verhältnisse auf. Nur etwas zeitlich verzögert sackte in der Folge die Vertrauenskurve ab. Noch am optimistischsten blieben die Bundesbürger im Hinblick auf ihre persönliche Wirtschaftslage, die sie offenbar von der Gesamtlage abkoppelten.

Der Regierungswechsel in Bonn brachte Ende 1982 im doppelten Sinn eine Wende. Sie versprach einen radikalen Wechsel, den sich viele auch herbeigewünscht hatten, und nährte die Hoffnung auf grundlegende Besserung. Entsprechend stieg damals die Stimmungskurve. 1983 erzielte die CDU als Regierungspartei einen haushohen Sieg, ein Hoffnungswahlkampf mit dem Motto »Wir schaffen den Wirtschaftsaufschwung« war diesem vorausgegangen. Die optimistische Aufbruchstimmung hielt über eine ganze Wahlperiode an, bis Anfang 1988 das Stimmungspendel wieder umschlug.

Weite Teile der Bevölkerung waren enttäuscht, daß sich die Wendeversprechen der christlich-liberalen Regierung nicht erfüllt hatten. Die einen vermißten den angekündigten Wertewandel der konservativen Wende, nämlich wieder mehr Nachdruck und Raum für Pflicht- und Akzeptanzwerte (siehe Kapitel 5). Andere waren enttäuscht, daß trotz wirtschaftlichen Aufschwungs und neuer Arbeitsplätze die Zahl der Arbeitslosen kaum zurückgegangen war. Manche hatten wohl den Eindruck gewonnen, daß gerade an ihnen der neue Wohlstand vorübergegangen war. In die Jahre 1988/89 fallen die ersten Erfolge der rechtsradikalen Parteien, vor allem der Republikaner, die sich 1983 als Abspaltung von der CSU gegründet hatten. Frustration und Enttäuschung wirkten wie Wasser auf die Mühlen der neuen Rechtsparteien.

Der Umbruch in den Einheitsjahren 1989/90 mit den unverhofften Möglichkeiten ließ Optimismus und Hoffnung erneut wachsen. Aber noch vor der Bundestagswahl 1990 brach dieser Trend wieder ab, die Euphorie schwand dahin. Seither ist eine desillusionierte Stimmungslage zu verzeichnen, die jene von Anfang der achtziger Jahre noch weit in den Schatten stellt. Im Osten hatte die Euphorie noch etwas länger getragen, um dann, auf unterschiedlichem Niveau zwar, die gleiche rasante Talfahrt zu nehmen wie im Westen.

Interessanterweise spaltete sich in den neuen Ländern das Krisenbewußtsein weit mehr als in der alten Republik. Persönliche und allgemeine Wirtschaftserwartungen blieben jenseits der Elbe trotz allem sehr viel optimistischer als die Einschätzung des Arbeitsmarktes und der politischen Verhältnisse. Persönlich und subjektiv mochte man weniger klagen und wollte auch weiter auf allgemeine wirtschaftliche Besserung hoffen. Aber für den Arbeitsmarkt sah man schwarz und ebenso für die Politik. Laufen Erwartungen derart auseinander, spricht man von einer »Angstlücke«, ein Indiz dafür, daß die vorgefundene Realität als doppeldeutig erlebt wird, folglich Unsicherheit und Angst erzeugt, vor allem bei Menschen, die nicht so gut gelernt haben, Widersprüche zu ertragen. Ohnehin

Politische Verhältnisse und Wirtschaftsperspektiven

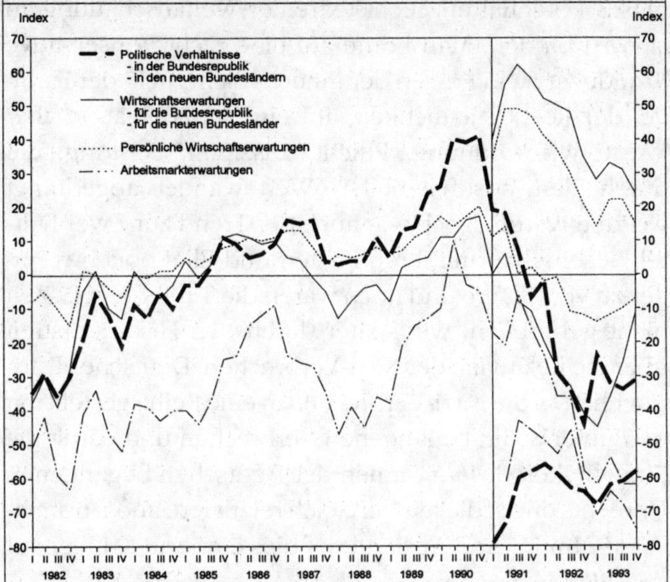

Quelle: infas-Repräsentativerhebungen im Bundesgebiet, 1982 bis 1993, sowie ab 1991 in den neuen Bundesländern; jeweils 5.000 bis 6.000 Fälle pro Quartal; Random-Auswahl

politisch ohne innere Bindung, sind die neuen Bundesbürger heute auch noch labiler als die Westdeutschen, wenn es darum geht, wem sie beim nächsten Mal ihre Stimme geben werden und ob sie überhaupt ihre Stimme abgeben wollen.

Schon 1979 hatte eine Studie zum Extremismus in der Bundesrepublik ein beträchtliches, latentes rechtsextremes Wählerpotential von 13 Prozent festgestellt.[61]

Damals kam die NPD bei Wahlen nur hier und da mal über ein oder zwei Prozent hinaus. Das Parteiensystem mit der Union in der Opposition war offenbar in der Lage, dieses Potential mit rechtsextremer Weltanschauung an sich zu binden. Man hoffte auf eine rechtskonservative Wende, etwa in Fragen der inneren Sicherheit, der Familie, der Rechtsstaatlichkeit, auf eine Rehabilitation alter Werte wie Ordnung, Pflicht, Disziplin, Leistung, die durch den postmateriellen Wertewandel abgedrängt worden waren. Noch war auch der Trend zur Zwei-Drittel-Gesellschaft mit ihren Härten und Ellenbogen weniger zu verspüren, und noch waren die Tabus der NS-Zeit nicht gebrochen, wie später durch den Historikerstreit über die Relativität der Nazi-Verbrechen. Deutsche Historiker hatten die Nazi-Verbrechen in eine Reihe gestellt mit den unter Stalin begangenen Verbrechen und damit die Einmaligkeit des im Namen der Deutschen begangenen Unrechts durch diesen Vergleich relativiert, auch »normalisiert«. Im In- und Ausland rief dies empörte Kritiker auf den Plan.

Krisenreaktionen verblieben damals noch eher im parlamentarischen Parteiensystem. 1983 mobilisierte die Union viele Arbeiter, die ihre Interessen nicht mehr traditionellerweise bei der SPD am besten aufgehoben sahen, sondern ihre Hoffnung auf wirtschaftlichen Aufschwung und Beschäftigung in die Union setzten. Sie fühlten sich aber doch bald in ihren kleinbürgerlichen Erwartungen enttäuscht und verübelten der Union auch die Härten des Sozialabbaus. Von der SPD zur CDU/CSU abgewandert, von dieser nicht integriert, bildete sich ein politisch heimatloses Potential heraus, das der Wahlforscher Gerd Mielke treffend als »Wanderdüne« bezeichnet hat, ein Humus für die neuen Rechtsparteien ebenso wie ein

Reservoir für die Partei der Nichtwähler.[62] Dazu gesellten sich die ideologisch enttäuschten Hardliner aus dem konservativen Lager. Die beiden unterschiedlichen Komponenten der Herkunft machen heute das Doppelgesicht des neuen Rechtsradikalismus aus.
Bei der Renaissance der neuen Rechtsparteien spielten also Menschen vom Typ der aggressiv-apathischen Nichtwähler eine besondere Schlüsselrolle.

Nichtwähler und Rechtswähler

In einem Profilvergleich von Nichtwählern und Rechtswählern fallen einige gemeinsame Strukturmerkmale ins Auge. Das bedeutet keinesfalls eine innere Verwandtschaft beider Gruppen. Ausgenommen davon sind die aggressiv-apathischen Nichtwähler, die offenbar dem Rechtspotential nahestehen. Der Vergleich unterstreicht vielmehr, in welchem Maße sozialstrukturell ähnliche Gruppen nicht mehr von den parlamentarischen Parteien integriert werden und entweder nach rechts oder ins Lager der Nichtwähler abwandern wollen.
Es wurde ein Meßzeitpunkt ausgewählt, der jeweils große Potentiale für die Rechtsparteien, aber auch für das Lager der Unentschlossenen und Nichtwähler abbildete, um auf diese Weise Unterschiede besonders deutlich hervortreten zu lassen. Mehr als das Niveau, das über die Zeit schwankend sein kann, und die markanten Unterschiede zwischen Ost und West interessieren in dieser Betrachtung die Abweichungen zwischen einzelnen Gruppen.

Generell ist festzuhalten: In Ostdeutschland, wo es in Gestalt der PDS eine soziale Protestpartei gibt, haben die Rechtsradikalen weniger Zulauf, dafür aber die Partei der Nichtwähler um so mehr.
Männer tendieren in Ost und West deutlich häufiger zu den Rechtsparteien, Frauen driften eher ins Nichtwählerlager ab. Je jünger die Befragten hier und dort sind, desto aufgeschlossener sind sie für die Rechtsparteien – ein Hinweis darauf, daß der Rechtsextremismus keinesfalls eine Angelegenheit unbelehrbarer Nazis ist und sich damit biologisch von selbst erledigen könnte. Die Jüngeren ziehen sich aber auch häufiger in die Wahlenthaltung zurück. Die Tendenz zur Rechtswahl und Nichtwahl nimmt ab bei steigendem Bildungsniveau, und wer in bezug auf die Wirtschaftsentwicklung pessimistisch, also krisenängstlich ist, gehört eher zu dem Potential der Rechts- beziehungsweise Nichtwähler.
Wohin orientieren sich die Wähler heute, die 1990 einer der beiden großen Volksparteien ihre Stimme gegeben haben: Opfer vom Trend nach rechts und ins Nichtwählerlager ist eher die in Bonn in Regierungsverantwortung stehende Partei, die Union, weniger die oppositionelle SPD. Die Nichtwähler von 1990 haben im übrigen in der weit überwiegenden Mehrheit wenig Lust und Motivation, demnächst wieder wählen zu gehen, sich also von Wahlaufrufen animieren und aus der Verweigerung herauslocken zu lassen. Aber immerhin scheinen doch bis 20 Prozent von ihnen mobilisierbar.
Schließlich wird aus dem Vergleich auch deutlich: Das Rechtspotential unter den Nichtwählern macht allenfalls ein Fünftel bis ein Viertel aus.

Profilvergleich
(Angaben in Prozent)

	Rechtswähler West	Ost	*Nichtwähler/ Unentschlossene* West	Ost
Insgesamt	19	12	31	45
Männer	25	16	27	42
Frauen	14	10	35	48
18 bis 24 Jahre	24	27	34	52
25 bis 34 Jahre	19	14	34	49
35 bis 49 Jahre	17	9	30	42
50 Jahre und älter	17	8	29	43
Einfache Bildung	27	11	32	46
Mittlere Bildung	17	15	33	46
Höhere Bildung	13	7	25	36
Wirtschaftsperspektive				
– Optimisten	15	14	21	35
– Pessimisten	22	11	38	50
Stimmabgabe 1990				
– CDU/CSU	20	13	25	42
– SPD	13	7	18	30
Nichtwähler	26	17	84	80

Quelle: infas-Repräsentativerhebung in West- und Ostdeutschland, Wahlberechtigte, je 1000 Fälle, Random-Auswahl, 1992.

Eine neue Alternative: Bürgerbewegung ohne Programm – die STATT Partei

»Wir sind eine Bürgerbewegung. Ich kann nicht verstehen, warum immer wieder gefragt wird, was wir für ein Konzept haben. Wir wollen mitmachen, weil wir alle das Gefühl haben, jetzt müssen wir anpacken.«[63] So begegnete der Gründer der Hamburger STATT Partei, Markus Wegner, im Hamburger Bürgerschaftswahlkampf 1993 Fragen nach der Programmatik seiner Wählervereinigung.

Als am 4. Mai 1993 das Hamburger Verfassungsgericht die Bürgerschaftswahl von 1991 wegen demokratischer Mängel bei der Kandidatenaufstellung der CDU für ungültig erklärte und eine Neuwahl anordnete, ahnte niemand, daß dies die Geburtsstunde einer neuen Bewegung sein würde. Noch nie war in der deutschen Nachkriegsgeschichte ein derartiges Urteil ergangen, noch nie war eine Landtagswahl für ungültig erklärt worden. Markus Wegner war der Volksheld, der dies zuwege gebracht hatte. Er hatte vor Gericht durchgesetzt, wofür er Jahre lang in der CDU vergeblich gestritten hatte: eine Reform der Kandidatenaufstellung in der Hamburger Landesorganisation. Vor Gericht hatte der Beschwerdeführer argumentiert: »Nur 0,3 Prozent bestimmen über die Kandidaten, die ins Parlament gelangen. In der Hamburger CDU sind es aber nur drei oder vier Leute.«

Markus Wegner hatte aber noch mehr in Szene gesetzt. Bereits kurz nach dem Gerichtsurteil entstand die Idee, mit einer eigenen Gruppierung, einem Zusammenschluß von Bürgern für mehr Demokratie und Bürgersinn und gegen Politik- und Parteienverdrossenheit, bei der von ihm selbst ins Rollen gebrachten Wahl anzutreten. Das »Ensemble unternehmungslustiger Laienspieler« (*Der Spiegel*) hatte sich den Namen von der erfindungsreichen Tochter eines SPD-Dissidenten in Cuxhaven, Karl-Arnold Eickmeyer, ausgeborgt. Sie hatte dem Vater und seinen fraktionslosen Ratsherrnkollegen geraten: »Wenn ihr keine Partei sein wollt, dann geht doch anstatt einer Partei, als Statt Partei.«[64] Der Name steht heute für eine Bewegung.

Seit dem 19. September 1993 ist die STATT Partei mit acht Abgeordneten und 5,6 Prozent in der Bürgerschaft vertreten, und seit dem 15. Dezember regiert Wegners Partei mit in Hamburg, nicht in einer Koalition, sondern in einer Kooperation. Schon melden sich Stimmen, die der STATT Partei und ihrem als egoman kritisierten Gründer Selbstverrat an den ursprünglichen Leitgedanken vorwerfen. Statt zu opponieren und zu kontrollieren, habe man den Sozialdemokraten bequem zum Weiterregieren verholfen; statt die Demokratie zu ändern, habe man sich selbst gewandelt und angepaßt.

Die Karriere der Hamburger STATT Partei, binnen weniger Monate von der Protestbewegung an die Schalthebel der Macht gehievt, hat Bewunderung und Nachahmung gefunden. Davon inspiriert, gründeten sich überall im Land STATT Partei-ähnliche Wählervereinigungen. Die Hamburger selbst haben nach interner Kampfabstimmung Ende Januar 1994 beschlossen, sich bundesweit auszudehnen, um besser zu kontrollieren, was sich da in ihrem Namen alles tut, und die vielen ungebetenen Trittbrettfahrer vom fahrenden Zug abzudrängen. An die

sechs Prozent könnten sich vorstellen, eine solche Partei sicher einmal zu wählen, und knapp ein Viertel würde ein solche Wahlentscheidung nicht völlig ausschließen. Zudem ist die Hälfte überzeugt, der deutschen Parteienlandschaft täte eine Auffrischung durch Parteien vom Format der STATT Partei ganz gut.[65]
Mit der Losung »Politik der Bürgerverantwortung *statt* Parteienmacht« war der Parteigründer im Hamburger Bürgerschaftswahlkampf angetreten. Nur zwei Seiten stark waren die Leitgedanken, die die Gründungsversammlung verabschiedete, ein fundamentaldemokratisches Bekenntnis und konzentrierte Kritik am Parteienstaat und seinen Entgleisungen. Mit »Demokratie ist Regierung des Volkes für das Volk, durch das Volk, mit dem Volk« zitiert das Papier den amerikanischen Präsidenten Abraham Lincoln. Bürgersachverstand und Bürgerverantwortung wollen die STATT-Bewegten gegen die Parteienallmacht setzen, die Bürger sollen umfassend an der politischen Willensbildung beteiligt werden und die Politik besser kontrollieren können: durch Volksbegehren und -entscheide, Direktwahl von Amtsträgern, Aufhebung des Fraktionszwangs, Trennung von Amt und Mandat, sachorientierte und ideologiefreie Politik durch den Sachverstand von Bürgern und Experten anstelle von Parteienklüngel und Parteistrategie. Weder zur Frage, wie Arbeitsplätze geschaffen oder gesichert werden könnten, noch wie die sozialen Lasten gerecht zu verteilen wären, wie Umweltschutz mit wirtschaftlichen Belangen in Einklang gebracht werden könnten oder wie die Finanzkrise gemeistert werden sollte, war im Gründungspapier der STATT Partei etwas zu finden.

Neu klangen diese Forderungen ganz und gar nicht, Ähnliches hatte man als Rezepte gegen den Parteienfrust schon des öfteren gehört. Aber neu war in der Tat, daß man darüber nicht bloß theoretisierte, vielmehr verordneten sich die Frustrierten die Medizin selbst und kandidierten zum Beweis, daß sie es anders machen. Sachprogramme selbst und Konzepte, wohin die Reise gehen solle, suchte man im übrigen vergebens im Angebot der Hamburger STATT Partei. An Programm und Kompetenz wollten die Hamburger die Neuen aber auch nicht messen. Honorieren wollte man ihre bloße Existenz.

Diffuse Wut auf die Etablierten treibt die Wähler nicht allein in die Wahlenthaltung. Protestwahl links oder rechts ist auch keineswegs der einzige Ausweg aus der Parteienverdrossenheit und Unzufriedenheit. Um aus der Parteienmisere zu flüchten, lassen manche ihrer Phantasie freien Lauf. Stabilitätsfanatiker und Freunde der großen politischen Blöcke und Lager müssen sich beunruhigt fragen, was sich da alles an neuen Parteigründungen tut, manches obskur, kurios, verbohrt oder auch satirisch und anarchisch, manches deklariert als frei, vernünftig, aktiv, unabhängig. Auch postmaterialistischer Spieltrieb steckt dahinter, der nicht alles ganz und gar ernst nehmen will.

Da ist zum Beispiel die »f-nep«, eine autonome Wählergruppe »Für Nicht-, Erst- und Protestwähler«. Die »f-nep« ist in einer Stadtkoalition in der Industriestadt Rüsselsheim verbunden mit CDU, FDP, Grünen und Vertretern einer Liste »Rüssel«, wie »f-nep« eine Gruppe von jungen Leuten, die unkonventionell Politik selbst machen wollen. Da gibt es »Gruppe Wählermacht« oder »David gegen

Goliath«, »Die Natur-Gesetz-Partei«, »Mensch, Umwelt, Tierschutz – MUT«, »Demokratische Erneuerung – DE«, »Demokratie 2000«, »Aktuelle demokratische Partei«, »Ostdeutsche Wahlpartei« oder »Gerechtigkeitspartei«, »Die Mitte« oder »Deutsche Mitte«, »Die Unabhängigen«, »Aktive Bürger Partei«, »Die Freien. Vernunft für Deutschland«. Die Zeiten sind vorbei, wo man sich schlicht freie oder unabhängige Wählergemeinschaft genannt hatte.
Schon bei der Hamburger Bürgerschaftswahl 1991 sprach der Landeswahlleiter von der Partei der Erfolglosen. Er meinte damit alle Voten, die auf Parteien entfielen, die bei der Mandatsverteilung leer ausgehen. Deren Zahl wächst in den letzten Jahren beträchtlich. Es gibt offenbar immer mehr Menschen, die sich von der Möglichkeit, ihre Stimme zu »verschenken«, weil sie mandatsunwirksam bleibt, nicht schrecken lassen, und einfach tun, was sie für richtig halten, und sei es dem Aufruf zu folgen: »Wählt niemand!«, wie es auf einem Graffiti hieß. Früher wäre man nicht so locker und spielerisch mit dem Wahlrecht umgegangen. Bei regierungsgewohnten FDP-Wählern zum Beispiel, deren Partei oft an der Fünf-Prozent-Hürde jonglierte, konnte man getrost das rationale Kalkül voraussetzen: Nur nicht die Stimme verschenken, dann lieber eine Stimme für den Koalitionspartner oder das Regierungslager abgeben.
Vielleicht sind die etablierten Parteien über diese Parteienexplosion sogar erleichtert. Der Wählerunmut findet ein Ventil, der Dampf entweicht, und die Luft wird wieder rein. Der Schaden bleibt dank der Fünf-Prozent-Hürde begrenzt, die Stabilität dank der Zersplitterung gewahrt. Strategen in den großen Parteien planen und hoffen auf

diesen Mechanismus: Bei der Vielzahl der anstehenden Wahlgänge würden die Verdrossenen durch allerlei Unmutsäußerungen – Protestwählen, Nichtwählen, Erfolglose wählen – ihre Wut richtig abreagieren, um sich danach, wenn es darauf ankommt, wieder mit kühlem Kopf vernünftig und stabilitätsorientiert zu verhalten.

Vielleicht geht dieses Kalkül der Parteistrategen dieses Mal noch auf. Aber mit der STATT Partei könnte es auch anders kommen. Denn diese Bewegung hat nicht besonderen Appeal für jene, die bloß spielerisch oder versponnen, fanatisch oder missionarisch, esoterisch oder exzentrisch, bieder oder aufrecht den dritten Weg suchen, vielmehr für einen ganz anderen Typus. Seit der Blitzkarriere von Markus Wegner und seiner STATT Partei ist Bewegung in eine Schicht gekommen, die bisher bürgerlich integriert zu der getreuen Klientel der etablierten Parteien gehörte. Es bröckelt in der bürgerlichen Mitte, es rumort im Bürgertum. Kaufleute, Ärzte, Apotheker, Rechtsanwälte und Berater, Immobilienhändler und Kaufleute laufen zu den Alternativgruppen in der Mitte über. Die größten Stimmenanteile errang die STATT Partei in feinen Hamburger Stadtvierteln in Blankenese oder im Nordosten der Stadt, wo Wohlsituierte wohnen und bisher traditionell CDU und FDP ihre Stimme gaben.

Aufgrund von Bildung, Berufserfahrung, unternehmerischer Initiative gewohnt, das Leben in eigene Regie zu nehmen, über andere und über sich selbst zu bestimmen und die Verantwortung für alle Entscheidungen individuell zu tragen, greifen diese Schichten die Angebote der STATT Partei mit besonderem Interesse auf. Schon häufig haben sie sich auf lokaler Ebene zu freien Wählergemeinschaften gegen örtliche Honoratioren zusammengeschlossen. Jetzt sehen sie Möglichkeiten, auch überregional etwas auszurichten.

Bürgerdemokratie und -kontrolle ist für diese Wählerschichten die magische Formel. Sie erkennen in der neuen Bürgerbewegung ohne Programm eine bisher vermißte Möglichkeit zur politischen Selbsthilfe durch Eigenorganisation. Wenn man so will, repräsentieren sie die bürgerliche Variante des postmateriellen Wertewandels mit ihrem Anspruch auf Selbstbestimmung. Am Gängelband der Altparteien will man sich nicht länger führen lassen, gerade wenn es um Konflikte geht wie Pflegeversicherung, Gesundheitsreform, Steuerreform sowie Schuldzuweisungen in der Debatte um den (Wirtschafts)Standort Deutschland. Noch nie war das traditionell loyale Verhältnis zwischen Union und Mittelstand so belastet wie gegenwärtig.

Zehn Prozent der Selbständigen haben in Hamburg die STATT Partei gewählt. 40 Prozent der STATT Partei-Wähler in Hamburg waren von der CDU zu der neuen Alternative abgewandert, knapp neun Prozent setzten sich von den Liberalen ab. Weitere 21 Prozent kamen von der SPD und zehn Prozent aus dem Lager der Nichtwähler.

Weder rechts noch links, nicht programmatisch festgelegt, aber auch nicht ideologiefrei, bieten die Wählervereinigungen ähnlich der STATT Partei den Parteiverdrossenen in der bürgerlichen Mitte einen eleganten Ausweg. Die große Partei der Nichtwähler ist nicht nur auf Wachstum programmiert, sie nimmt also auch am Parteienwettbewerb teil und hat vielfältige Konkurrenz, aber derzeit am wenigsten von den großen Volksparteien.

8 Mehr Wahlbeteiligung oder mehr politische Beteiligung?

Werbung für Wahlbeteiligung

»Stell dir vor, es ist Wahl, und alle gehen hin. Hamburg wählt.« Unter diesem Motto, von einer Werbeagentur entwickelt, hatten sich die Hamburger Medien bei der vom Verfassungsgericht erzwungenen Neuwahl 1993 zu einer gemeinsamen Kampagne gegen Wahlmüdigkeit und Politikverdrossenheit zusammengetan. Medien, Künstler und Prominente wollten mit dieser überparteilichen Aktion verhindern, daß die Partei der Nichtwähler in der Hansestadt erneut stärkste Gruppierung würde und rechtsradikale Parteien möglicherweise ins neu zu wählende Parlament gelangten.

Für das Wahlrecht Werbung machen zu müssen, sei eigentlich traurig, aber notwendig, war zu hören; der Inhalt der Kampagne sei eine »vorzügliche Idee«, ein gutes Konzept. Ungewöhnlich sei auch, daß sich in der so umkämpften Pressestadt Hamburg die Medien an einen Tisch setzten. Als sich herausstellte, daß die Hamburger Staatliche Pressestelle als Absender und mit 240 000 Mark als Kostenträger fungierte, waren die Medienvertreter zuerst irritiert, mochten sich aber – trotz allem Bedauern – nicht von ihrer demokratischen Initiative verabschieden. Die Aktion hatte überparteilich sein wollen, am Ende war aber nicht auszuschließen, daß sie gegen die neutrale Absicht der Beteiligten der regierenden SPD doch nützen könne.

Zwiespältig reagierten die Oppositionsparteien CDU und FDP auf die Kampagne. Daß die Medien mit ihrer Aktion klarmachen wollten, Demokratie sei Bürgersache, dagegen hatten sie nichts einzuwenden. Hinter der Kampagne argwöhnten sie aber auch eine PR-Maßnahme der Regierung. Während die CDU es als »unerhört und stillos« bemängelte – man hätte eine solche Aktion ja auch gemeinsam mit allen Fraktionen planen können –, fand die FDP es »merkwürdig«, daß die Werbeagentur nicht an alle Hamburger Parteien herangetreten sei. Die Hamburger Grün-Alternative Liste (GAL), aber auch der Neuling STATT Partei reagierten auf ganz andere Weise. Die einen karikierten, die anderen negierten den guten Zweck der Aktion. »Wer nicht wählt, wählt auch eine Politik«, lautete der Kommentar der GAL. Die GAL halte solcher Werbung klare Ziele, offene Debatten und plausible Konzepte entgegen. Die STATT Partei schaltete eine Kleinanzeige mit dem Text: »Stell dir vor, es war Wahl und alles bleibt, wie es ist!«[66]

Als die Stimmen am Wahlabend des 19. September 1993 in Hamburg ausgezählt worden waren, stand fest: Die Wahlbeteiligung war tatsächlich gegenüber dem letzten Mal angestiegen, und zwar um 3,5 Punkte auf 69,6 Prozent. Werbung kann sich also lohnen – einmal unterstellt, der Zuwachs in der Wahlbeteiligung wäre wirklich darauf zurückzuführen. Auch sonst hatte sich Überraschendes getan. Die beiden großen Volksparteien waren auf die niedrigsten Werte in ihrer Nachkriegsgeschichte abgesackt, die Liberalen aus der Bürgerschaft hinausgewählt worden. Die GAL hatte ihren Anteil fast verdoppelt, und auf Anhieb war der STATT Partei der Sprung über die Fünf-Prozent-Hürde gelungen. Auch die rechtsradikalen Parteien, Republikaner und DVU, zählten zu den Gewinnern, obwohl die Schönhuber-Partei knapp an der Parlamentsschwelle gescheitert war. Gemessen an den Wählerstimmen waren die Rechtsradikalen aber zur vierten Kraft in Hamburg aufgestiegen.[67]

Nur eines blieb unverändert: Wie 1991 wurde auch 1993 das Lager der Nichtwähler stärkste Partei. Im übrigen teilten sich die Gewinner der Wahl die Stimmen der mobilisierten Nichtwähler. Von den gut 48 000 Wahlscheinen, die sich im Vergleich zu 1991 zusätzlich in den Wahlurnen fanden, entfielen zwei annähernd gleich große Blöcke um die 20 000 Stimmen auf die GAL beziehungsweise auf die Rechtsparteien, der Rest auf die STATT Partei. Die Nichtwähler in Hamburg rechtfertigten auf diese Weise ihren Nimbus als wenig kalkulierbarer Faktor im politischen Kräftespiel. Bei Werbung gibt es eben immer auch Streuverluste.

Zu Beginn des Superwahljahres 1994 wurde bundesweit eine ähnliche Aktion gegen Wahlapathie angekündigt wie in Hamburg. Der Bundesverband Deutscher Zeitungsverleger möchte mit einer Anzeigenkampagne dazu beitragen, daß die Wähler ihre demokratische Pflicht ernst nehmen und zu den Urnen schreiten, damit Politikverdrossenheit und Wahlmüdigkeit nicht den Rechtsextremisten den Weg in die Parlamente ebnen. Ein Anzeigenwettbewerb zum Thema »Wählen gehen« wurde von den Zeitungsverlegern, der Regionalpresse und der Fachzeitschrift *Werben & Verkaufen* durchgeführt. Den ersten

Preis erhielt eine Agentur für einen Entwurf, der einen Notizzettel zeigt mit der Aufschrift: »Wenn du dich nicht entscheidest, verlasse ich Dich! Deine Demokratie.« Trotz aller guten Absichten fragt man sich, wie diese Hilfsangebote und Hilfsmittel der Bewußtseinsindustrie etwas anderes bedeuten könnten als das durch einen effizienten oder kreativen Werbestil erprobte Management von politischen Symbolen ähnlich dem von Markenimages in der Konsumwelt. Parteien versuchen, politische Meinungs- und Willensbildung anhand von realen Konflikten und Problemen durch Werbung für Symbole und deren Manipulation zu ersetzen, etwa die Verkürzung von Person und Programm von Helmut Kohl auf die Formel »Politik ohne Bart« gegen das dabei mitgedachte »Politik mit Bart«. Die Symbolik, die die CDU hier gewählt hat, ist vieldeutig: für Frustrierte meint sie vielleicht einen Neuanfang in der Politik; Frauen sehen darin möglicherweise ein Signal für die Durchsetzung von mehr Fraueninteressen; die Stammwähler erkennen das Plädoyer für ihren Kandidaten gegen den Herausforderer. Die Symbolik setzt eine Entscheidung pro oder contra in Gang, ohne lange Reflexion. In gleicher Weise, wie die Parteien verfahren, wird bei den Wahlaufrufen vorgegangen. Politische Teilnahme wird symbolisch verkürzt auf das demokratische Wahlrecht und den Appell, es auch auszuüben. Nicht was, sondern ob gewählt wird, zählt. Zur Diskussion wird nicht gestellt, wohin politische Beteiligung führen soll, ob zu mehr Mitsprache, Mitgestaltung, Mitverantwortung oder nur zu beifälliger und legitimierender Zustimmung einer Mehrheit zu dem, was eine Minderheit stellvertretend für andere tut und für richtig hält.

Kein Thema ist dabei auch, wo Demokratie stattfinden soll. Genauso wenig wird reflektiert, ob Wahlenthaltung – wie die Wahl selbst – eine demokratische Entscheidung ist und ob es für das eine wie das andere nicht eine Reihe guter Gründe geben kann.
Keiner Partei kann man verübeln, daß sie auf Stimmenmaximierung aus ist und folglich meist gegen Ende der Wahlkämpfe den Appell verbreitet »Wählen gehen«. Verübeln kann man den Parteien schon, wenn sie es bei diesen Aufrufen beließen.

Reformen in den Parteien für mehr politische Beteiligung

Die Parteien wollen die Dinge nicht mehr treiben lassen wie bisher. Überall wird über Reformen nachgesonnen. Die SPD verabschiedete ihr Konzept »SPD 2000«, die FDP arbeitet am »Zielimage liberaler Clubs«, in den Landesverbänden der CDU rührt sich der Reformwille von unten. Die Grünen schwimmen etwas gegen den Strom. Sie wollen sich von rigoroser Basisdemokratie endgültig verabschieden und eine kalkulierbare Partei werden. Ihren eigenen Anspruch, Realität zu gestalten, können die Parteien aber im ureigensten Bereich so schnell nicht durchsetzen. Das Leben von Organisationen hat seine zähen Gesetze.
Worüber nachgedacht wird, um die Qualität politischer Beteiligung zu verbessern und »mehr Demokratie« zu bewirken, klingt über alle Parteigrenzen hinweg erstaunlich ähnlich und konzentriert sich im wesentlichen auf

fünf Aspekte: Öffnung der Parteien, andere und neue Beteiligungsformen, Organisationsreform, gesellschaftlicher Rückzug sowie neue Kommunikationswege.[68] Das Reformwerk müßte auf all diesen Ebenen ansetzen, damit Parteien wieder für jene attraktiver werden, deren Interessen sie vertreten wollen, und ein Stück ihrer Legitimation zurückerlangen. Aber die Parteien blockieren sich selbst in ihrem Reformbemühen.

Eine zentrale Forderung im gesamten Reformkonzept ist die *Öffnung der Parteien.* Wer mitmachen will, sei es zeitweise, sei es fallweise, sollte dies auch außerhalb einer Parteimitgliedschaft tun können. Die Parteien würden mit einer solchen Öffnung mehr politisch engagierte Menschen ansprechen und zugleich Entwicklung und Zeitgeist der letzten Jahre mitvollziehen: Immer seltener wollen und können Menschen lebenslange Bindungen eingehen, sie möchten sich lieber spontan für etwas entscheiden und engagieren oder gar nicht. Zeitlich begrenzte Mitarbeit, ohne organisatorisch festgelegt zu sein, ist dem wechselhaften, modernen und mobilen Lebensstil viel angemessener als die traditionelle Vorstellung der Mitgliederparteien, politische Heimat und Betätigungsfeld müßten mit dem Wohnort des Mitglieds zusammenfallen. Engagement wechselt jedoch mit der Art von Konflikten und der subjektiven Bedeutung von Themen, mit Lebensalter und Lebensrollen. Es ist also kaum stetig, durchgängig und ortsgebunden. Wenn mehr Menschen in Parteien mitarbeiten, die an Sachthemen größeres Interesse haben als am Organisationsleben der Partei, wenn die Partei nicht Selbstzweck ist, könnte dort auch wieder besser reflektiert werden, was in der Gesellschaft an

Konflikten abläuft. Die Arbeit in Parteien würde transparenter und glaubwürdiger, so daß sich das Feindbild Partei möglicherweise abbauen ließe und der Berührungsabscheu geringer würde. Realitätssinn und Responsivität, also die Fähigkeit, auf gesellschaftliche Strömungen einzugehen und zu antworten, würden gestärkt.
An neuen Formen der Mitgliedschaft, zum Beispiel für die Dauer eines Jahres auf Probe und ohne Beitragszahlung, wird gearbeitet, in CDU-Entwürfen ist bereits von einer »Schnuppermitgliedschaft« die Rede. Bei stärkerer Öffnung für Probemitglieder oder Mitarbeit ohne Mitgliedschaft wären Funktionen und Ämter nicht mehr automatisch an die Mitgliedschaft und deren Dauer gebunden sowie an die Rücksichtnahme auf die wenigen Aktiven, die im *closed shop* über das befinden, was innerhalb der Partei vorgedacht und beschlossen wird. Seiteneinsteiger bekämen Chancen, zu Wort zu kommen und auch ein Mandat zu erwerben.
Zu fordern wären aber auch Runde Tische, wie sie im demokratischen Übergang in der DDR »als Schule der Demokratie« in großer Vielzahl eingerichtet worden waren und ein Bindeglied bildeten zwischen dem Volk und den politischen Akteuren. Sie könnten im Westen wie im Osten die Parteien mit den Gesellschaftsgruppen wieder näher zusammenbringen.
Gegen eine Öffnung wächst aber interner Widerstand. Die Altmitglieder fühlen sich in ihren Rede-, Antrags- und Stimmrechten verletzt und möchten nicht zwei Kategorien von Mitgliedern tolerieren. Allen ist natürlich auch klar, daß die Mitgliederparteien nicht mehr die feststrukturierten Organisationen mitsamt ihren Statuten bleiben

könnten, was sie bisher sind, sondern sich langfristig in politische Foren oder locker verbundene Clubs wandeln würden.
Andere Reformvorschläge zielen auf *neue oder andere Beteiligungsformen* ab. Die Verkrustung der Parteien und die antidemokratischen Machtstrukturen werden letztlich den innerparteilichen Wahl- und Auswahlverfahren angelastet, insbesondere dem undemokratischen Prinzip der Listenwahl und den undurchsichtigen Umständen, wie diese Listen zustande kommen, etwa durch Geheimabsprachen, gegenseitige Gefälligkeiten, Flügelkämpfe, Proporzdenken und Besitzstandswahrung.
Zur Debatte stehen die Urwahl von Funktionsträgern statt der Wahl durch Delegierte. Mitgliederbefragungen bei Personal- und Sachentscheidungen beziehungsweise Streitthemen, Briefwahl von Mitgliedern und der Verzicht auf Listenwahl könnten die Macht der Delegierten brechen, die eine Art Partei in der Partei bilden. Die Abschaffung des Fraktionszwangs wäre ein weiterer Schritt, die Unabhängigkeit der Mandatsträger zu stärken. Aber schon gibt es Streit, ab welcher Schwelle Mitgliederbefragungen herbeigeführt werden sollten und gestattet sein dürften, ganz zu schweigen davon, welche Verbindlichkeit solche Mitgliederbefragungen haben sollten, ob sie bloß konsultativ ein Meinungsbild an der Basis reflektieren oder Beschlußkraft haben sollten.
Das Vorbild der SPD, bei der Wahl ihres Parteivorsitzenden die Mitglieder per Urwahl über die zwei Bewerber und die Bewerberin, Rudolf Scharping, Gerhard Schröder sowie Heidemarie Wieczorek-Zeul, abstimmen zu lassen, macht als Idee Schule. Daß die Wahlbeteiligung dabei

nur 56 Prozent betrug, bei einer Mitgliederschaft, die – theoretisch wenigstens – politisch interessierter sein sollte als der Wählerdurchschnitt, galt nicht als Schönheitsfehler. Auch nicht, daß der am Ende designierte Kandidat nur etwa 40 Prozent der Stimmen bekam, eine Stichwahl gar nicht in Betracht gezogen wurde und auch das Mitgliedervotum nicht als letzte Entscheidung akzeptiert, sondern nachträglich durch die Bundesdelegierten abgesegnet wurde. Wichtig erschien allen, die an Reformen, nicht bloß in der SPD, interessiert sind, daß ein Schritt in diese Richtung getan wurde. Seither ist aber aller Eifer erlahmt, eine durchgängige Umsetzung dieser Reformideen ist in allen Parteien ausgeblieben.

Noch weniger Aussicht, durchgängig umgesetzt zu werden, dürften *organisatorische Reformvorschläge* haben. Da ist die vielfach aufgestellte Forderung nach Trennung von Amt und Mandat, die nur hier und da unter dem Druck der Basis verwirklicht wurde. Aus allen Parteien kommt auch der Vorstoß, Amts- und Mandatszeiten zu begrenzen, etwa auf zwei Wahlperioden oder auf ein Maximum von zehn Jahren. Was in den USA bei Präsidentschaftswahlen möglich ist, gilt in Deutschland vielleicht als wünschenswert, aber nicht als durchsetzbar. Zumindest finden sich für eine Zeitbegrenzung von Mandaten bisher keine Mehrheiten. In weiteren Reformvorschlägen wird verlangt, Kandidaten sollten – zur Schärfung ihres Realitätssinns – eine bestimmte Anzahl an Berufsjahren vorweisen, bevor sie ein politisches Amt übernehmen. Hinter diesen Forderungen steht die Idee der Rotation gegen das Prinzip des lebenslangen Berufspolitikers, der den Politprofi vom praktischen Leben entfremdet und daher für ein Stellvertreteramt untauglich macht.

Weitere Reformvorschläge wollen den *Einfluß der Parteien in der Gesellschaft beschneiden* und fordern einen Rückzug aus den Gremien und Einrichtungen, die die Parteien im Laufe der bundesdeutschen Geschichte nach und nach »kolonisiert« haben und vor denen sie selbst bei der Übernahme der DDR in das Regel- und Rechtssystem der alten Bundesrepublik nicht halt gemacht haben. In Schulen, Krankenhäusern bis in Stadtwerken und Verkehrsverbünden, in Verwaltung, Behörden, Justiz bis in die Medien plazieren die Parteien ihre Leute.

Da sich aber hier oft existentielle Versorgungsansprüche mit praktischen parteipolitischen Einflußmöglichkeiten kreuzen, bleibt die Forderung nach Rückzug wohl bloß rhetorisch. Es sei denn, die Verfassungsmäßigkeit dieser Praxis würde ernsthaft hinterfragt, wie geschehen zum Beispiel bei der Frage der Parteienfinanzierung (siehe Kapitel 5).

Mit Rückzug meinen manche aber auch, sich von der Allmachtskompetenz der Politik zu verabschieden und die Bürger selbst verantworten zu lassen, was sie allein entscheiden können.[69] Einige wittern darin allerdings den Versuch, sich in Krisenzeiten aus der sozialen Verantwortung zu stehlen und mit Hinweis auf die kritisierte Einmischung von Staat und Parteien in alle Lebensbereiche das Prinzip der wohlfahrtsstaatlichen Versorgung unter Beschuß zu nehmen und damit ein Stück Sozialabbau zu rechtfertigen.

Schließlich knüpft man auch Reformerwartungen an eine *verbesserte Kommunikation* zwischen Wählern und Gewählten. Aber hier von Dialog zu reden, ist nicht mal eine Beschönigung. Nicht bloß die Sprache mit dem eigenen Politjargon bildet eine Barriere. Es gibt auf seiten zumindest der großen Parteien auch kein allzu großes Interesse, einen beiderseitigen Dialog zu führen. Die Parteien sind längst keine bloßen Gesinnungsgemeinschaften mehr, sondern Betriebe, für die alle Kriterien der betriebswirtschaftlichen Effizienzsteigerung gelten: wie etwa Rationalisierung, genaue Ablaufplanung im Projektmanagement, Kostencontrolling. Unter diesen Maßgaben steht das Ziel der Stimmenmaximierung. So überwiegt der Eindruck, schreibt Thomas Leif, »... daß der Philosophie der Effizienzsteigerung, der professionellen Erschließung des Wählermarktes sowie der geschickten (medialen) Politikinszenierung und modernen Managementtechniken mehr Aufmerksamkeit geschenkt wird als einer wirksamen inneren Demokratisierung, die langfristig positive Auswirkungen auf Aktive, Mitglieder und Sympathisanten hätte«.[70]

Man darf offenbar nicht zu viel von den inneren Reformen der Parteien erwarten.

Reformen im Wahlprocedere

Es bleiben aber viele bisher ungenutzte Möglichkeiten im Wahlrecht, die die Mitsprachemöglichkeiten der Bürger erhöhen und damit ihre gestiegenen Ansprüche an die Qualität politischer Teilnahme, die hinter der zunehmenden Wahlenthaltung auszumachen sind, besser befriedigen könnten.

Einen radikalen Schnitt zu der bisherigen Wahlrechtspraxis des Verhältniswahlrechts fordern dabei zahlreiche Politiker, etwa der frühere Ministerpräsident von Baden-Württemberg, Lothar Späth, oder sein Nachfolger Erwin Teufel. Sie erhoffen sich vom *Mehrheitswahlrecht* klare politische Entscheidungen für die jeweils stärkste Partei und sehen darin zugleich eine Medizin gegen Parteienverdruß und Politikerschelte. Denn alle Wahlkreisinhaber müßten sich mehr als bisher um ihre Wähler kümmern, wollen sie gewählt oder wiedergewählt werden. Großbritannien und die USA gelten als prominente Beispiele des Mehrheitswahlrechts, in denen der demokratische Machtwechsel zwischen Regierung und Opposition stets durch Wahlen, nicht wie bei uns meist nur durch Koalitionswechsel, funktioniert hat.
Gewählt ist nach Mehrheitswahlrecht jeweils der Kandidat oder die Kandidatin in einem Wahlkreis, der beziehungsweise die die meisten Stimmen bekommen hat. Die Stimmen des oder der Unterlegenen fallen unter den Tisch. Das System läßt sich noch – wie in Frankreich – verfeinern. Für den Fall, daß die absolute Mehrheit notwendige Voraussetzung ist, um einen Wahlkreis zu gewinnen, wird ein zweiter Wahlgang mit einer Stichwahl zwischen den beiden mit der relativ höchsten Stimmenzahl angesetzt.
Schon zu Zeiten der Großen Koalition in Bonn zwischen 1966 und 1969 gab es eine Debatte um das Mehrheitswahlrecht. Union und SPD hatten dies zum Bestandteil ihrer Koalitionsabsprache gemacht. Ziel war es, ohne FDP als ewiges Zünglein an der Waage eine Regierung bilden zu können, zugleich auch die NPD aus den Land-

tagen, in die sie damals gelangt war, wieder zu verdrängen. Die Wahlrechtsreform scheiterte am Widerspruch von Demokraten, die es nicht hinnehmen wollten, daß das demokratische Prinzip der Repräsentation zugunsten von Machtsicherung und Regierungsstabilität einfach über Bord geworfen wird.

Auch heute rührt sich massiv Widerstand gegen die Idee des Mehrheitswahlrechts, das einem demokratischen Rückschritt gleichkäme – statt auf mehr, liefe es auf weniger Repräsentanz und Mitsprache hinaus. Das Modell anderer Nationen muß nicht maßgebend sein, zumindest wenn es keine Verbesserung bedeutet. Denn dieses Mehrheitswahlrecht würde den Trend zu den kleinen Parteien abdämpfen, wenn nicht gar abwürgen. Die Partei der Nichtwähler, die heute schon nicht im parlamentarischen System repräsentiert ist, bekäme Verstärkung von der »Partei der Unterlegenen«, die dann ein ähnliches Schicksal hätten, nämlich ohne parlamentarisches Sprachrohr zu sein. Der Vorschlag wirke so, »... als wollten die Parteien Politikverdrossenheit mit Protestwahlverbot bestrafen«, wird Bundespräsident Richard von Weizsäcker zitiert, der prominenteste Gegner des Mehrheitswahlrechts.[71] Wahlrechtsreformen sollten die demokratische Mitsprache erweitern, nicht einschränken. Die Anhänger des Mehrheitswahlrechts müßten im übrigen dafür eintreten, daß hier und da die Partei der Nichtwähler die Regierung stellt, ginge es wirklich darum, daß aus Gründen politischer Stabilität stets die stärkste Formation uneingeschränkt das Sagen haben sollte.

Um die Wahlberechtigten nicht so häufig zu belästigen und zu überfordern, sind auch Vorschläge im Umlauf, die

Wahlperioden zu verlängern, auf fünf Jahre, wie beispielsweise schon der Fall in Nordrhein-Westfalen, im Saarland, in Rheinland-Pfalz oder für eine Übergangszeit in Berlin. Ebenso wenig demokratisch gemeint sein können Initiativen, die – aus gleicher Überlegung, den Bürgern nicht zu viel zuzumuten – *Wahltermine möglichst zu konzentrieren*, etwa alle Wahlen, die in ein Kalenderjahr fallen, auf einen einzigen Termin pro Jahr oder überhaupt alle Wahltermine auf ein einziges Datum zu legen. Manche möchten alle Landtagswahlen auf einen Termin bündeln, ebenso auch die Kommunalwahlen. Keiner dieser Vorschläge kann als demokratisch seriös gelten, obwohl auch Verfassungsrechtler sich ernsthaft damit beschäftigt haben. Dahinter steht das vordemokratische Mißtrauen gegen die Wahlbürger, denen man keine souveräne Entscheidung über Vielfalt und Komplexität zutraut, auf deren Stimme man zur Legitimation seines Stellvertreteranspruchs gleichwohl Wert legt.
Von ähnlicher Mentalität zeugen Vorschläge, in Deutschland die *Wahlpflicht* einzuführen und jene eventuell mit einem Bußgeld zu belegen, die sich verweigern.
Im Rahmen des geltenden personalisierten Verhältniswahlrechts für Bundestagswahlen lassen sich die Einflußmöglichkeiten der Wähler beträchtlich erweitern, indem das Abstimmungsrepertoire vergrößert wird. Bei einigen Kommunalwahlen und Landtagswahlen, die Modell sein könnten, wird ähnliches schon praktiziert. Bei Bundestagswahlen hat jeder Wähler zwei Stimmen, die eine, die Erststimme, für den Wahlkreisvorschlag, die andere, die Zweitstimme, für die Landesliste. Wie stark eine Partei im Parlament wird, entscheidet sich aber allein nach der

Stimmenzahl, die auf die Landesliste entfallen ist. Nach relativem Mehrheitswahlrecht wird mit der Erststimme die Direktwahl des/der WahlkreiskandidatIn vorgenommen – 328 Sitze werden so vergeben. Mit der Zweitstimme wird nach reinem Verhältniswahlrecht eine starre Landesliste angekreuzt, auf der die BewerberInnen in der dort festgelegten Reihenfolge dann gewählt sind – ebenfalls 328 Sitze werden von Listenplatzinhabern besetzt. So müßte es nicht sein.

Da könnte man zunächst von den *starren Listen*, die die Parteien bei der Kandidatenaufstellung ausgekungelt haben, Abschied nehmen. Statt dessen sollte jeder die Möglichkeit haben, Kandidaten oder Kandidatinnen durch freies Ankreuzen an die Spitze der Liste oder jedenfalls weiter nach oben zu hieven. Mit anderen Worten: Die Wähler könnten die Reihenfolge auf den Listen verändern. Wahlberechtigte in Bayern haben diese Option. Man könnte auch überlegen, ob die Wahlberechtigten statt bloß über zwei, wie bei Bundestagswahlen, über mehrere Stimmen verfügen sollten, so daß sie die Möglichkeit hätten, die Stimmen gezielt und dosiert zu vergeben, etwa über mehrere Vorschläge für Parteien hinweg *(Panaschieren)* oder mehrere Stimmen an eine Person *(Kumulieren)*. Auch wäre die Möglichkeit zu erwägen, *Parlamente kleiner* zu machen, etwa indem man die Zahl der Mandatsträger reduziert, die über eine Landesliste in das Parlament gelangt sind.

In den Ländern, in denen es nur Listenwahl gibt, nämlich in den Stadtstaaten Hamburg und Bremen oder wie bei der Europawahl, wäre – wie es die STATT Partei fordert – die Direktwahl von WahlkreisbewerberInnen

einzuführen. Überhaupt könnten die Möglichkeiten zur *Direktwahl* erweitert werden, angefangen von hohen Amtsrägern wie dem Bundespräsidenten bis hin generell zur Direktwahl von Oberbürgermeistern, Bürgermeistern und Landräten. In etlichen Bundesländern in Süd- und Ostdeutschland ist dies bereits Praxis. Hessen und Nordrhein-Westfalen werden folgen.
Mitsprache sollten die Wahlberechtigten nicht nur bei Personalentscheidungen haben, sondern auch bei strittigen Sachfragen. Das Thema, die *Einführung von Volksbegehren und Volksentscheiden*, spielte innerhalb der Verfassungskommission, die Vorschläge für eine Reform ausarbeiten sollte, eine große Rolle. Die Vorstöße scheiterten an Bedenken in der Union. In der Bevölkerung gibt es allerdings in Ost und West eine breite Zustimmung von über 80 Prozent für derartige politische Beteiligungsformen. Daß die Weimarer Republik an ihren plebiszitären Elementen gescheitert sei und daher auch sechzig Jahre danach Volksabstimmungen keinen Platz in der Demokratie haben dürften, leuchtet heute den wenigsten ein. Sie beanspruchen, über genügend Kompetenz zu verfügen, nicht bloß über Parteien und Kandidaten, sondern auch über kritische Sachfragen entscheiden zu können. Im übrigen, sollten vierzig Jahre Demokratie in Westdeutschland und eine demokratische Revolution in der DDR die Deutschen politisch unmündiger und unreifer gemacht haben?
Auf ähnlicher Linie wie ein Volksbegehren läge die Verankerung eines *Initiativrechts der Bürger*, wie es in manchen Kommunalverfassungen auf Landesebene, etwa in Schleswig-Holstein, schon vorgesehen ist. Es würde er-

möglichen, daß sich der Gesetzgeber auf Verlangen einer bestimmten Anzahl von Bürgern mit einem Thema oder einem Gesetzesentwurf befassen und die Bürger dazu auch hören muß.

Weitere unkonventionelle Vorschläge erinnern an sinnvolle Regelungen, die es im früheren Wahlgesetz schon einmal gab, dann aber auf Wunsch der Parteien aus dem Gesetz verschwanden. So fanden nach dem ersten Wahlgesetz 1949 im Falle des Todes oder Mandatsverzichts eines Wahlkreisabgeordneten *Nachwahlen* in Wahlkreisen nach britischem Vorbild statt. Heute rückt einfach der Nächstplazierte auf der Landesliste nach. Nachwahlen wären natürlich in ihrem Ausgang weit weniger kalkulierbar als ein Neuling von der Liste, der mit einer gewissen Wahrscheinlichkeit damit rechnen konnte, im Laufe einer Wahlperiode quasi als Nachzügler doch noch ins Parlament zu gelangen. Durch Nachwahlen würden die örtlichen Parteiorganisationen gegenüber dem Zentralismus der Bundesparteien gestärkt.

Auch schon im ersten Wahlgesetz von 1949 gab es eine Regelung, über die wieder nachzudenken wäre. Das Wahlrecht für den ersten Bundestag knüpfte die *Fünf-Prozent-Klausel* an die einzelnen Bundesländer, nicht wie später an das gesamte Bundesgebiet. Die spätere Regelung förderte natürlich Schritt für Schritt die Zentralisierung und Dominanz der großen Parteien. Aber das Resultat, die Konzentration auf zwei Parteien mit der FDP in der Mitte, ließ sich nicht auf Dauer sichern. Die Entstehung der Grünen Ende der siebziger Jahre war der beste Beweis, daß politischer Protest trotz der Schallmauer der Fünf-Prozent-Hürde nicht dauerhaft abgeblockt werden kann. Will man nicht warten, bis Gerichte die Chancengleichheit zwischen kleinen und großen Parteien radikal durchsetzen, so wäre die Anbindung der Fünf-Prozent-Klausel an die Meßlatte der Bundesländer wenigstens ein erster Schritt in eine Richtung, die die Wählerrepräsentanz verbessert. Es besteht natürlich das Risiko, daß dann auch rechtsradikale Parteien leichter in Parlamente gelangten. Aber eine Demokratie sollte sich mit ihren möglichen Feinden demokratisch auseinandersetzen. Verbote und Blockadestrategien sind, nimmt man Demokratie nicht bloß als Herrschaftstechnik, keine Methode, ganz zu schweigen davon, daß auf diesem Wege rechtsradikales Wählerpotential nicht einfach zum Verschwinden gebracht werden könnte.

Schließlich wird auch erwogen, den Kreis der Wahlberechtigten zu erweitern. Insbesondere Jugendforscher und auch Jugendpolitiker sprechen sich für die *Herabsetzung des Wahlalters* auf 15 oder 16 Jahre aus. »Eine frühe Zulassung zu Wahlen wäre ein klares und glaubwürdiges Signal unserer Gesellschaft an die junge Generation, daß sie von den lebenswichtigen Fragen nicht ausgeschlossen bleibt. Diesen Eindruck müssen viele Jugendliche aber heute gewinnen«, schreibt der Jugendforscher Klaus Hurrelmann.[72] Zu erinnern ist in diesem Zusammenhang daran, daß es neben politischen auch eine Reihe von strukturellen Gründen gibt, warum viele Jugendliche von ihrem Wahlrecht nicht Gebrauch machen (siehe Kapitel 1). Bei herabgesetztem Wahlalter würde ein Großteil der erstmals wahlberechtigten Jugendlichen noch im Elternhaus leben, ihr Wahlverhalten würde wahrscheinlich mehr als das der älteren noch von

den Bedingungen dort beeinflußt. Aber natürlich läßt sich politische Mündigkeit nicht an einem Lebensalter festmachen.
Den Kreis der Wahlberechtigten zu erweitern hieße, schließlich auch ein *Ausländerwahlrecht* zumindest auf kommunaler Ebene einzuführen, nicht im Sinne von zwei Klassen von Ausländern, wie derzeit durch das Wahlrecht für Ausländer aus den Mitgiedsstaaten der Europäischen Union vorgesehen, sondern – nach bestimmter Aufenthaltsdauer – für alle. Man kann zwar argumentieren, Wahlrecht müßte an die Staatsbürgerschaft geknüpft bleiben. Wir leben allerdings heute in einer Gesellschaft mit offenen Märkten, mit offenen Grenzen, mit multinationaler Verpflichtung und multimedialer Vernetzung. Ob wir es wahrhaben wollen oder nicht, Deutschland hat eine multinationale Gesellschaft. Wer über viele Jahre Bürgerpflichten zu erfüllen hat, sollte auch entsprechende Bürgerrechte haben.

Die Macht der Nichtwähler

Alle vorgeschlagenen Maßnahmen, die Beteiligungsmöglichkeiten durch das Wahlrecht zu vergrößern und qualitativ zu verbessern, können vielleicht zu mehr Wahlbeteiligung führen, sie gewährleisten aber nicht die Repräsentanz der Nichtwähler als eine gesellschaftliche Gruppe, die wie die Wähler auch ihren politischen Willen zum Ausdruck gebracht hat.
Alle Welt geht davon aus, die Schar der Nichtwähler sei das pure, faktisch zwar existierende, aber praktisch zu

vernachlässigende Gegenstück zum Lager der Wähler. So werden die Nichtwähler auch behandelt. Ihre Entscheidung wird bei der Vergabe von Mandaten ignoriert, und die Macht wird ohne Rücksicht auf sie an die Parteien verteilt. Nichtwähler bilden keinen geschlossenen Block, man kann sich auch keinen schlüssigen Reim darauf machen. Ihnen haftet zwangsläufig etwas Rätselhaftes und Unheimliches an. Es zeigt sich aber, daß Nichtwähler zu keiner Zeit eine quantité négligeable waren, sondern je nach ihrer Zusammensetzung kräftig, wenn auch indirekt, bei der Machtzuteilung mitmischten.

In dem Maße, in dem ihre Zahl in den letzten Jahren gewachsen ist und auch ein neuer Typus – demokratiebewußt und kritisch kompetent – hinzugekommen ist, hat die Macht der Nichtwähler neue Dimensionen erlangt. Das Lager der Nichtwähler hat heute Format und Volumen einer modernen Volkspartei. Der Zulauf zur neuen Konkurrenz schmerzt daher auch Union und SPD besonders hart.

Als Bewegung ohne organisatorischen Kern, ohne Programm und ohne Akteure haben Nichtwähler etwas Besonderes erreicht: Sie fordern den Parteienstaat zu einer Überprüfung seines Selbstverständnisses heraus und stellen mit ihrer puren Existenz den Prozeß der Interessenvermittlung, wie er bisher funktionierte, in Frage: von unten nach oben, hin zu Parteien und Politikern als Stellvertreter und Repräsentanten einer meist schweigenden Mehrheit. Inzwischen hat das Phänomen der Nichtwähler eine breite Reformdebatte ausgelöst nach einer alten Formel: Mehr lebendige Demokratie statt formaler Scheindemokratie.

Nichtwähler haben über diese Rolle hinaus aber auch Anspruch auf eine echte Repräsentanz. Die Wahlergebnisse sollten daher nicht wie bisher in den Statistiken nur nach den abgegebenen gültigen Stimmen ausgewiesen werden, sondern bezogen auf die Wahlberechtigten, damit der Block der Nichtwähler stets auch in Erscheinung tritt. Man kann aber auch ein Stück weiter gehen wie der niedersächsische CDU-Bundestagsabgeordnete Thomas Kossendey. Er regt an, auf den Wahlscheinen künftig eine Rubrik »Wahlenthaltung« vorzusehen, die man wie eine Partei ankreuzen kann. Die darauf entfallene Stimmenzahl würde dann bei der Mandatsvergabe verrechnet und je nach Quote der Nichtwähler bliebe die entsprechende Anzahl der Sitze im Parlament frei. Für die Parteien hieße das: Die Zahl der Parlamentssitze würde um den Prozentsatz der Nichtwähler gekürzt.

Spätestens dann wäre dies die Stunde für eine neu zu gründende Nichtwählerpartei – und erneut Anlaß nachzudenken über Stellvertreterpolitik.

Nachwort: Trendwende Niedersachsen?

Aus der Auftaktwahl zum Superwahljahr 1994, der Landtagswahl in Niedersachsen am 13. März, wollten manche Kommentatoren die Rückkehr zur politischen Normalität herauslesen, das deutliche Zeichen einer Trendwende: Zentrifugale Kräfte würden nicht weiter am Parteiensystem zehren, und das Drama der verdrossenen Nichtwähler spitze sich nicht aufs äußerste zu. Mit Erleichterung sei festzustellen, daß der Zulauf zu den Protestparteien am rechten Rand oder in der Mitte gestoppt wurde. Politische Stabilität sei für die Deutschen ein hohes Gut, das sie gerade in Krisenzeiten nicht aufs Spiel setzen mögen. Tatsächlich lag die Wahlbeteiligung in Niedersachsen mit 73,8 Prozent nur knapp unter der Quote der letzten Wahl; SPD und CDU erlangten zusammen einen Stimmenanteil von gut 80 Prozent und integrierten damit – wie es sich für Volksparteien gehört – das Gros der Wählerschaft. Daß die SPD durch die Wahlrechtsbedingungen, die 11,9 Prozent der Stimmen unter den Tisch fallen ließen, gar eine absolute Mehrheit der Sitze erringen konnte, galt erst recht als Beleg für das Ende der viel zitierten, möglicherweise nur herbeigeredeten Parteienkrise. Auch für die CDU ging die Wahl besser aus als erwartet, innerlich hatte sie sich auf weit höhere Verluste eingestellt. Und weiter fügt sich ins Bild, daß der gefürchtete Rechtstrend bei 3,7 Prozent steckenblieb und auch die Reichweite der neuen

Protestbewegung in der Mitte, der STATT Partei, über den Hamburger Ausstrahlungsbereich kaum hinauslangte. Als Zeichen der Normalität deuteten manche auch das Verschwinden der FDP aus dem Landtag. Nur ein weiteres Mal hätten sich die Liberalen als »Drehtürpartei« erwiesen, einmal drinnen, einmal draußen (so Robert Leicht in der *Zeit* vom 18. 3. 1994). Wenn sie ihre existenzerhaltende Funktion als Kurskorrektiv oder Mehrheitsbeschaffer deutlich machen könne, dann habe die FDP Chancen, von den taktischen Wählern jeweils über das notwendige Quorum hinausgehievt zu werden.

Die besondere und einmalige Situation in Niedersachsen war dabei offensichtlich: Vor der Bewährungsprobe stand eine rot-grüne Regierung mit einem Ministerpräsidenten an der Spitze, der angetreten war, den ökologischen Umbau der Wirtschaft voranzutreiben, der sich gegen Ende der Amtszeit aber, wo immer es nur ging, mit dem pragmatischen Motto »Arbeit, Arbeit, Arbeit« für den Erhalt industrieller Arbeitsplätze eingesetzt und dabei auch den Konflikt mit dem Koalitionspartner nicht gescheut hatte. Das Ergebnis dieser faktischen Arbeitsteilung: Die SPD baute ihre Stellung in den industriellen Schwerpunkten des Landes aus, etwa am VW-Standort Wolfsburg, und – im Unterschied zu früheren Wahlen – deutlich weniger verunsicherte SPD-Wähler wanderten aus dem Arbeitermilieu zu den rechtsradikalen Parteien ab. Umgekehrt mobilisierten Bündnis 90 / Die Grünen zu Lasten der SPD die jüngeren, intellektuell aufgeklärten, gut ausgebildeten städtischen Schichten im Umkreis der Universitäten. Vor Jahren hatten die Sozialdemokraten gerade diese Schicht als besondere Zielgruppe anvisiert.

Daß dieser neue Zentrismus keinen generellen und schon gar nicht einen selbstlaufenden Trend für das Wahljahr 1994 signalisiert, belegten die Ergebnisse der Kommunalwahl in Schleswig-Holstein nur eine Woche später. Von Mal zu Mal wird neu entschieden. Trotz leicht gestiegener Wahlbeteiligung (von 69,4 auf 70,4 Prozent) blieb die Partei der Nichtwähler in Schleswig-Holstein stärkste Kraft im Land. Beide großen Parteien, SPD und CDU, verloren in annähernd gleichem Umfang (–3,4 bzw. –3,8 Punkte), wenn auch nicht so dramatisch wie andernorts. Wo es alternative Angebote gab, fanden sie Anklang bei den Wählern, und so lief der Trend klar zu den unkonventionellen Wahlvorschlägen und Parteien. Deutliche Gewinner waren daher die Grünen, aber auch die Wählergemeinschaften und die STATT Partei. In den Kreisen und Gemeinden, in denen sie antraten, kamen sie zumeist auf zweistellige Ergebnisse und werden so die Politik vor Ort mehr als in der Vergangenheit mitbestimmen. So wenig sich der Trend von Niedersachsen in Schleswig-Holstein ungehindert fortsetzte, sondern seine eigene Dynamik entwickelte, so wahrscheinlich ist auch, daß die nachfolgenden Wahlen je nach zeitlichem und regionalem Kontext einer immer neuen Dialektik folgen werden, und dies unter den Prämissen nachlassender Parteibindungen, gewachsenen Mißtrauens gegen die Etablierten, der Suche nach Alternativen und der Forderung nach qualifizierter politischer Teilnahme. Ungeachtet gelegentlich retardierender oder regredierender Momente – nach dem einmal erreichten Reifegrad der Flexibilität läßt sich das Rad der deutschen Wähler- und Nichtwählergeschichte nicht prinzipiell zurückdrehen.

Anmerkungen

1 Süddeutsche Zeitung Magazin, 13. März 1992, zitiert nach: Michael Eilfort, Die Nichtwähler, Wahlenthaltung als Form des Wahlverhaltens, Paderborn 1993.
2 Gabriel A. Almond/Sidney Verba, The Civic Culture: Political Attitudes and Democracy in Five Nations, Princeton – New York 1963.
3 Jürgen Falter, Hitlers Wähler, München 1991.
4 Friederike Golzem/Klaus Liepelt, Wahlenthaltung als Regulativ: Die sporadischen Nichtwähler, in: *transfer* 2, Wahlforschung, Sonden im politischen Markt, Opladen 1977.
5 Beitrag in dem Satire-Magazin *Extra drei* von N3 im März 1993.
6 Seymour Lipset, Stein Rokkan (Hrsg.), Party Systems and Voter Alignments, New York 1967, sowie Franz Urban Pappi, Klassenstruktur und Wahlverhalten im sozialen Wandel, in: Max Kaase, Hans Dieter Klingemann (Hrsg.), Wahlen und Wähler. Analysen aus Anlaß der Bundestagswahl 1987, Opladen 1990.
7 Ralf-Rainer Lavies, Nichtwählen als Kategorie des Wahlverhaltens, Düsseldorf 1973.
8 Forschungsinstitut der Konrad-Adenauer-Stiftung, Archiv-Nr. 8012, 9101, 9102.
9 Jürgen W. Falter, Siegfried Schumann, Der Nichtwähler – Das Unbekannte Wesen, in: Max Kaase, Hans Dieter Klingemann (Hrsg.), Wahlen und Wähler, Opladen 1994.
10 Friederike Golzem, Klaus Liepelt, a.a.O.
11 Michael Eilfort, Nichtwählen als Form des Wahlverhaltens, Presseinformation, Stuttgart 1992.
12 Michael Eilfort, Die Nichtwähler, in: Wahlverhalten, Kohlhammer

Taschenbücher, Band 1093, herausgegeben von der Landeszentrale für politische Bildung Baden-Württemberg, Stuttgart 1991.
13 Morris Janowitz, Dwaine Marvick, Competitive Pressure and Democratic Consent, An Interpretation of the 1952 Presidential Election, Bureau of Government, Institute of Public Administration, University of Michigan, Ann Arbor, 1956.
14 Michael Eilfort, Die Nichtwähler. Wahlenthaltung als Form des Wahlverhaltens, Paderborn 1993.
15 Peter Radunski, Wahlkämpfe. Moderne Wahlkampfführung als politische Kommunikation, München 1980.
16 Hans Herbert von Arnim, Staat ohne Diener, Was schert die Politiker das Wohl des Volkes?, München 1993.
17 Carsten Ascheberg, Jörg Ueltzhöffer, Nichtwähler. Wahlenthaltung: Motivkreise und Begründungsmuster – am Beispiel der Bundestagswahl 1990. Unveröffentlichtes Thesenpapier, Bonn 1991.
18 infas Deutschland-Politogramm, Januar 1994.
19 Joachim Hofmann-Göttig, Emanzipation mit dem Stimmzettel. 70 Jahre Frauenwahlrecht in Deutschland, Bonn 1986.
20 Klaus Liepelt, Wählerbewegungen in der Bundesrepublik. Partei der Nichtwähler, in: Klaus Liepelt, Alexander Mitscherlich, Thesen zur Wählerfluktuation, Frankfurt 1968.
21 Carl-Christian Kaiser, Es rumort im Bürgertum. Die Hamburger STATT Partei findet Anhänger und Nachahmer in ganz Westdeutschland, in: *Die Zeit*, 26. November 1993.
22 Konrad Schacht, Droht eine Polarisierung der deutschen Gesellschaft?, in: *Die tageszeitung* vom 7. Januar 1991.
23 infas Politogramm, Bundestagswahl 1990, Bonn 1991.
24 Werner Weidenfeld/Felix Philip Lutz, Die gespaltene Nation. Das Geschichtsbewußtsein der Deutschen nach der Einheit, in: Aus Politik und Zeitgeschichte, 31–32/1992.
25 Hans-Joachim Maaz, Der Gefühlsstau. Ein Psychogramm der DDR, Berlin 1990.

26 Werner Harenberg, Vereint und verschieden, in: SPIEGEL Spezial, 1/1991.
27 Peter Förster, Jungwähler Ost – das unbekannte Wesen?, in: Media Spectrum 1/94.
28 Samuel H. Barnes, Max Kaase et al., Political Action. Mass Participation, in: Five Western Democracies, Beverly Hills, 1979.
29 Uwe Thaysen, Der Runde Tisch oder: Wo blieb das Volk? Der Weg der DDR in die Demokratie, Opladen 1990.
30 Erwin K. Scheuch, Die Suche nach der Besonderheit der heutigen Deutschen, in: Kölner Zeitschrift für Soziologie und Sozialpsychologie, 42 (1990) 4.
31 Werner Weidenfeld, Karl-Rudolf Korte, Die Deutschen – Profil einer Nation. Stuttgart 1991.
32 ipos, Einstellungen zu aktuellen Fragen der Innenpolitik in Deutschland 1992, Mannheim, in: Wochenschau, Sonderausgabe, Dezember 1993.
33 Transparent auf einer Arbeitnehmerdemonstration gegen die Treuhand in Magdeburg im Juli 1992, zitiert nach Wochenschau, Mai-August 1993.
34 Dieter Fuchs, Hans-Dieter Klingemann, Carolin Schöbel, Perspektiven der politischen Kultur im vereinigten Deutschland, in: Aus Politik und Zeitgeschichte, B32/1991.
35 Albert O. Hirschman, Engagement und Enttäuschung. Über das Schwanken der Bürger zwischen Privatwohl und Gemeinwohl, Frankfurt 1984.
36 Richard von Weizsäcker im Gespräch mit Gunter Hofmann und Werner A. Perger, Frankfurt 1992.
37 Hildegard Hamm-Brücher, Wege in die und Wege aus der Politik(er)verdrossenheit, in: Aus Politik und Zeitgeschichte, B31/1993.
38 Wilfried Röhrich, Eliten und das Ethos der Demokratie, München 1991.
39 Hans Herbert von Arnim, a.a.O.

40 Ulrich von Alemann, Parteien und Gesellschaft in der Bundesrepublik. Rekrutierung, Konkurrenz und Responsivität, in: Alf Mintzel, Heinrich Oberreuter (Hrsg.), Parteien in der Bundesrepublik Deutschland, Schriftenreihe der Bundeszentrale für politische Bildung, Band 282, Bonn 1980.

41 Jürgen Rüttgers, Dinosaurier der Politik. Wege aus der Parteienkrise und Politikverdrossenheit, Hamburg 1993.

42 Johano Strasser, in WDR 3, am 9. September 1993.

43 Hans Herbert von Arnim, Entmündigen die Parteien das Volk?, in: Aus Politik und Zeitgeschichte, B21/1990.

44 Oscar W. Gabriel, Institutionenvertrauen im vereinigten Deutschland, in: Aus Politik und Zeitgeschichte, B43/1993.

45 Wolfgang Herles, Das Saumagen-Syndrom: Die Deutschen und ihre Politiker, München 1994.

46 Hinter diesen Argumenten steht die Beobachtung, daß die Wähler kleinerer, insbesondere radikaler und fundamentalistisch orientierter Parteien im allgemeinen sehr viel entschlossener zur Stimmabgabe sind als Anhänger der großen etablierten Parteien. Die Effekte lassen sich an einem Rechenbeispiel erläutern. Angenommen, bei hoher Mobilisierung würden 500 Stimmen abgegeben, je 200 auf Partei A beziehungsweise Partei B, je 50 Stimmen auf Partei C beziehungsweise Partei D. A und B erhielten je 40 Prozent, C und D je 10 Prozent. Sinkt nun die Wahlbeteiligung und es werden nur noch 400 Stimmen abgegeben, und die kleinen Parteien C und D mobilisieren aufgrund der größeren Entschlossenheit ihrer Klientel weiterhin je 50 Stimmen, erhöht sich ihr Anteil auf 12,5 Prozent, die beiden großen Parteien würden auf 37,5 Prozent absacken. Ob diese Mechanik immer, wie unterstellt wird, am Werk ist, kann man aber nicht mit Sicherheit behaupten.

47 Franz Neumann, »Bonn« ist nicht »Weimar« – aber Demokraten müssen wachsam sein, in: Wochenschau II Nr. 3/4, Mai-August 1993.

48 Ursula Feist, Zur politischen Akkulturation der vereinten Deutschen. Eine Analyse aus Anlaß der ersten gesamtdeutschen Bundestagswahl, in: Aus Politik und Zeitgeschichte, B11–12/1991.
49 Manfred Harnischfeger, »Ein industriepolitischer Schulterschluß zwischen Politik und Medienwirtschaft ist dringend angezeigt«, MEDIEN DIALOG, 2/1994.
50 Wilhelm Bürklin, Gesellschaftlicher Wandel, Wertewandel und politische Beteiligung, in: Karl Starzacher et al. (Hrsg.), Protestwähler und Wahlverweigerer. Krise der Demokratie?, Köln 1992.
51 Ulf Fink, 1968 – Die Antwort der CDU: Programmpartei, in: Aus Politik und Zeitgeschichte, B20/1988.
52 Samuel H. Barnes, Max Kaase et al., Political Action. Mass Participation, in: Five Western Democracies, Beverly Hills 1979.
53 Michael Eilfort, siehe Anm. 11.
54 Elmar Wiesendahl, Neue soziale Bewegungen und moderne Demokratietheorie. Demokratische Eliteherrschaft in der Krise, in: Roland Roth, Dieter Rucht (Hrsg.), Neue soziale Bewegungen in der Bundesrepublik Deutschland, 2. überarbeitete und erweiterte Auflage, Schriftenreihe der Bundeszentrale für politische Bildung, Band 252, Bonn 1991.
55 infas Politogramm, Europawahl 1989, Bonn 1989.
56 Hermann Schmitt, Was war »europäisch« am Wahlverhalten der Deutschen? Eine Analyse der Europawahl 1989 in der Bundesrepublik, in: Oskar Niedermayer, Hermann Schmitt (Hrsg.), Wahlen und europäische Einigung, Opladen 1994.
57 infas-Politogramme zu den Landtagswahlen in Bremen (1991), Schleswig-Holstein (1992), Baden-Württemberg (1992).
58 Erwin K. Scheuch, Hans Dieter Klingemann, Theorie des Rechtsradikalismus in westlichen Industriegesellschaften, Hamburger Jahrbuch für Wirtschafts- und Gesellschaftspolitik, Tübingen 1967.
59 Konrad Schacht, Rechtsextremismus heute, in: *zum nachdenken*, Hessische Landeszentrale für politische Bildung, Nr. 34/ 1991.

60 Ursula Feist, Wählerpotential der neuen Rechtsparteien – Strukturen und Motive, in: Friedrich-Naumann-Stiftung, Dokumentation Rechtsextremismus und Gewalt, Sankt Augustin 1993.
61 5 Millionen Deutsche: »Wir sollten wieder einen Führer haben ...«, Die SINUS-Studie über rechtsextremistische Einstellungen bei den Deutschen, Reinbek 1984.
62 Gerd Mielke, Die Wiederkehr der »alten« Politik. Anmerkungen zur Bremischen Bürgerschaftswahl vom 29. 9. 1991, in: Die neue Gesellschaft/Frankfurter Hefte, 11/1991.
63 Was ist gut für die Oma? Die Hamburger STATT Partei – Bürgerbewegung ohne Programm, *Der Spiegel*, 37/1993.
64 Ernst Gerhardt Scholz, Die Sache mit den Pilzen, in: Hamburger Abendblatt, 27./28. November 1993.
65 Ludwig Rademacher, Der Drang zu STATT, Focus, 4/1994.
66 Hamburger Abendblatt, Kampagne gegen die Apathie. Prominente werben auf Plakaten – Aktion der Hamburger Medien, 27. Juli 1993.
67 SPD: 40,4 Prozent (– 7,6); CDU: 25,1 Prozent (– 10,0); GAL: 13,5 Prozent (+ 6,3); FDP: 4,2 Prozent (– 1,2); STATT Partei: 5,6 Prozent; Republikaner: 4,8 Prozent (+ 3,6); DVU: 2,8 Prozent.
68 Thomas Leif, Hoffnung auf Reformen? – Reformstau und Partizipationsblockaden in den Parteien, in: Aus Politik und Zeitgeschichte, B43/1993.
69 Jürgen Rüttgers, Dinosaurier der Politik, Wege aus der Parteienkrise und Politikverdrossenheit, Hamburg 1993.
70 Thomas Leif, a.a.O.
71 Bettina Bäumlisberger, Hans Wagner, Das Kreuz mit den Wahlen, in: Focus, 6/1994.
72 Klaus Hurrelmann, Wahlrecht mit fünfzehn?, in: DIE ZEIT, 19. Juni 1992, zitiert nach: Wochenschau Sonderausgabe, Dezember 1993.